Words of Wisdom from Francis Bacon

—

超訳ベーコン 未来をひらく言葉

エッセンシャル版

—

佐藤けんいち　編訳

Discover

はじめに

なぜいまフランシス・ベーコンなのか？

フランシス・ベーコンといえば、「知は力なり」というフレーズで有名な哲学者で、実験と観察による「帰納法」を主張した「イギリス経験主義」の祖というのが、教科書的な理解であろう。一世代下のフランスの哲学者デカルトとならんで、「17世紀科学革命」を語る際にはかならず引き合いに出される、きわめて大きな存在である。

ベーコンの名句は、英語圏では引用されることが多い。英国を中心とした英語圏では現在でもよく知られた存在だ。２０２６年は、ベーコン没後４００年になる。

ところが、現在の日本では、どうも一般には忘れられた存在となってしまっているようだ。夏目漱石の青春小説『三四郎』（１９０８年）の冒頭には、東京帝大文科に合格した主人公の三四郎（当時23歳）が、「読んでも解らないベーコンの論文集」を英語で読むシーンがある。九州から上京する際の汽車のなかという設定だが、現代小説ではそんなシーンは考えにくい。ちなみに、「ベーコンの論文集」とは、日本では『随想集』と訳されてきた『エッセイズ』のことを指しているようだ。

ベーコンの主要著作は日本語訳されていて、文庫でも入手可能だが（といっても品切れになっていることが多い）、三四郎にとってもそうであったように、正直いって読みにくい。たしかに、『エッセイズ』に収録された文章は、噛みしめれば味が出るが、噛みしめなければ味わえないのでは、多忙な現代人をベーコンから遠ざけてしまうのは無理もないだろう。

だが、それではあまりにも、もったいないのではないか？　激動期の現在だからこそ、おなじように激動の時代を生きたベーコンの「人生訓」にあらためて注目する必要があるのではないか？　今回ベーコンを「超訳シリーズ」の一冊として取り上げることになったのは、そんな問題意識が背景にある。

二人のベーコン　哲学者と政治家の「二刀流」を生き抜いた賢人

フランシス・ベーコンをネット検索すると、たいへん紛らわしいことに、同姓同名のフランシス・ベーコンがでてくる。20世紀を代表する画家の一人である。美術愛好家なら、哲学者よりもアーティストのほうが真っ先に想起されることだろう。じつは20世紀の画家フランシス・ベーコンは、17世紀の哲学者フランシス・ベーコンの一族の出身である。あえて区別すれば、17世紀のベーコンは、「サー」のつく貴族であったことだ。サー・フランシス・ベーコン。ベーコン卿である。

二人のベーコンというテーマで、ここで注目したいのは、17世紀のフランシス・ベーコン自身が、哲学者と政治家という二つの顔をもっていたことだ。「哲学者ベーコン」と「政治家ベーコン」である。この「二人のベーコン」が、同一人物のなかでせめぎ合いながらも、密接不可分で一心同体として同居していたのだ。「知」と「力」はベーコンにおいて一体化していた。ベーコンは、理想を説いた哲学者だけでなく、現実世界のなかで生き抜いた政治家でもあったのだ。

ベーコンといえば、かならず引き合いに出される「知は力なり」というフレーズに注目してみよう。「知は力なり」(Knowledge is power)は、正確にいうと「知識は力である」となるが、「知」は哲学者ベーコン、「力」は政治家ベーコンを象徴していると考えることも可能だろう。力(パワー)は、物理的な力だけではない。人間の力量でもあり、また政治的な権力も意味している。人間の知識と人間の力が一体となることではじめて意味をもつと、主著『ノーヴム・オルガヌム』で主張している。

まずは、比較的知られている「知」(ナレッジ)の側面、すなわち哲学者としての側面から見ていくことにしよう。

「17世紀科学革命」のプロモーターとして

ベーコンは、「17世紀科学革命」を推進した一人とされている。

16世紀から17世紀にかけては、地球規模の大転換期であった。「第1次グローバリゼーション」が引き起こした地球規模の大激動によって、西欧社会は中世ルネサンスから近世へと移行、この時代に21世紀の現在につながる「近代科学」が誕生したのである。別の言い方をすれば、この時代は「魔術から科学」への過渡期でもあった。

「17世紀科学革命」を推進した人物は、ベーコン、デカルト、ガリレオ、ニュートンの4人の知の巨人たちに集約することが可能だ。ガリレオがイタリアで進めていた天文学と力学における革命、ガリレオと同時代に生きた英国人ベーコンが提起した問題意識、それを前提にしたフランス人デカルトの数学方法論が結合し、英国人ニュートンの「万有引力の法則」において完成したのである。

ただし、ここにあげた4人のうち、ベーコンだけが、狭い意味での科学者ではない。

ベーコンは、実験と観察による科学の重要性を説き、帰納法による推論を主張したが、科学者ではなく技術者でもなかった。また、数学の重要性は説いたものの、みずから数学を駆使して天文学や力学などを推進したわけではない。あくまでも科学革命への道を準備し、プロモートした先駆者的役割にある。

ベーコンが、現在の日本であまり取り上げられることがないのも、そこに理由の一つがあるのだろう。ただし、ベーコンはデカルトやニュートンとは異なり、科学や技術のもつ正負の二面性に気がついていたことが重要だ。

「大学衰退の時代」の「新しい知」の担い手として

激動期にある21世紀の現在、大学はすでに新たな知を生み出す中心ではなくなっている。16世紀から17世紀にかけての西欧もまた、状況は似たようなものであった。

中世以来、西欧の大学で講義されていたのは、学術面では古代ギリシアの哲学者アリストテレスの体系であり、それが権威化され君臨しつづけていた。この状況は近世に入ってからも17世紀いっぱいつづいていたのである。そんな旧態依然とした状況に公然と〝ＮＯ〟をつきつけたのがベーコンであり、デカルトであった。

半自叙伝でもある『方法序説』（１６３７年）に書いているように、デカルトは既存の学問世界に見切りをつけ、放浪の旅のなか、数学専門家としてオランダ軍に入隊している。ある冬の日に自分が進むべき方向を直観的に確信したデカルトは、その後は在野の「独立研究者」として生涯を貫くことになる。

一世代上のベーコンもまた、ケンブリッジ大学には入学したが卒業はしていない。大学ではギリシア・ローマの古典的教養を身につけたが、アリストテレスの学説には強く反発、父親の教育方針でケンブリッジを中退して、激動のさなかにあったフランスで外交官のはしくれとして3年間を過ごしている。この実体験は大きな意味をもっているようだ。（ベーコンの生涯については巻末の「ベーコン年譜」を参照）。

父親の急死が理由となって帰国、その後は政治家としてキャリアを構築すべく、法学院で実学としての法律学を勉強している。このほかスキマ時間を利用して、独学でさまざまな学問を習得したベーコンは、法律学をベースに政治家として自己実現しただけでなく、哲学における「大革新」を志し、多方面にわたってマルチな才能を発揮したのである。だが、生涯をつうじて大学人ではなかった。

変化のスピードが速く、あっという間に技術も学問も陳腐化してしまう21世紀現在の状況では、「独学者」であったベーコンに学ぶべきものは少なくないのではないだろうか。しかも、それは「教養」の裏付けをともなったものであり、豊富な実体験から「帰納」した「経験主義的」なものであったことを強調しておくべきだろう。

ベーコンの「知の体系」は21世紀の現在につながっている

「人間の、人間による、人間のための国」。これこそが、ベーコンの理想であり、自然の解明もそのためになされるべきだと主張したのであった。人類全体が視野に入っていたのである。

狭い意味の科学者ではなかったが、ベーコンが強調した技術重視の科学は、遺著『ニュー・アトランティス』（1627年）でその構想が示されており、死後の1660年には実質的な英国の学士院である「ロンドン王立協会」（ロイヤル・ソサエティ）として結実している。産業科学志向は、18世紀後半の英国で始まった「産業革命」につながっていく。

18世紀フランスにおいては、とくに思想家ディドロがベーコンの心酔者であった。ベーコンが17世紀初頭の「学問の現在地」を見える化したものが『学問の進歩』（1605年）であるが、ディドロなど「百科全書派」は、ベーコンが体系化した「学問分類」をさらに精緻化し、その成果を膨大な『百科全書』に結実させている。当時の産業技術知識の集大成ともいうべき『百科全書』は、学問を一般社会に開放するうえで大きな役割を果たすことになった。

「革命の世紀である18世紀は、なによりもベーコンの世紀なのである」（エウジェニオ・ガレン、澤井繁男訳『ルネサンス文化史』、平凡社ライブラリー、2011）という評価もある。だが、19世紀以降の近代においては、ベーコンの影響力は小さくなっていく。ディドロの同時代人であったフランスの哲学者ヴォルテールが『哲学書簡』（1734年）で辛辣に指摘しているように、「あたらしい哲学にとっての足場」となった『ノーヴム・オルガヌム』（1620年）に代表されるベーコン哲学は、乗り越えられたとみなされたからであろう。

とはいえ、世界中の「知識」を収集して「一元化」し、インターネット上に公開することで、誰もが検索でアクセスできるようにしたグーグルやウィキペディアなどの試みは、ベーコンが切り拓き、『百科全書』が推進した動きの延長線上にあるという言い方も可能だろう。ふだんは意識することなどまずないだろうが、21世紀の現在も、じつは4世紀前にベーコンが敷いたレールの上を走っているといっていいのである。現在つかわれている「図書分類」もまた、ベーコンの「学問分類」をベースに考案されたものだ。

「ナンバー2」まで上り詰めた「政治家ベーコン」

では、ここから先は、「二人のベーコン」のうち「政治家としてのベーコン」について見ておこう。ベーコンは自分の哲学上の理想を実現するためには、自分自身が政治家として影響力を行使できるポジションにつくことが重要だと考えていた。

政府高官の息子として生まれ育ったことが、政治上のキャリア構築を目指す原点になっている。

ベーコンは、最終的に、イングランド国王ジェームズ1世のもと、もっとも重要な国王の補佐役として、実質的な「ナンバー2」のポジションまで上り詰めている。しかも、42歳から50歳代にかけての超多忙な時期に、集中的に哲学上の著作を執筆しているのは、公私ともに脂がのりきった時期だったからだろう。

ジェームズ1世（スコットランド国王をジェームズ6世として兼任）のスコットランド巡幸中の1617年には、1ヶ月にわたって「臨時摂政」として外国使節の接遇も行っている。1618年には顧問官としては最高位の大法官（ロード・チャンセラー）に任命され、また「サー」のつく貴族になっている。イングランドとスコットランドとの「ブリテン統合問題」などでも、知恵袋として大いに活躍している。

45年間もつづいたエリザベス女王の時代が終わり、王位継承にともなう環境変化にチャンスを見いだしたベーコンは、確実にゲットすることに成功したわけだ。いわゆる「二世政治家」だったベーコンだが、若き日に庇護者としての父親を失い、しかも財産もなかったため、出世の糸口を見つけるまでは、かなりの苦労を重ねている。

キャリアと人生を設計し、建設するという発想と実践である「運命の建築術」の実践が行われたのは、この時期のことだ。21世紀の現在でも、経営学者が書いた『「権力」を握る人の法則』（ジェフリー・フェファー、村井章子訳、日経ビジネス人文庫、2014年）のような本があるが、『君主論』のマキアヴェッリの後継者でもあるベーコンの説くところも、大いに説得力があるというべきだろう。

ベーコンにとっては、政治の世界におけるキャリア構築もまた「実験」であり、政治家ベーコンの「観察」から「帰納」された処世術は傾聴に値するものだ。政治に限らず、ビジネスでも非営利組織でも応用可能だろう。

専制君主の宮廷で生き抜いた政治家が発揮した処世術

ベーコンが仕えたジェームズ1世は、大陸流の「王権神授説」を唱えた専制君主であったが、権力よりも言論の力で統治することを試みた博識なインテリでもあった。近代英語の基礎をつくった源泉の一つとされる、『欽定訳聖書』（King James Version、１６１１年）の編纂を命じて、実現させたのがこの国王である。だからこそ、ベーコンを重用したのであろう。また、ベーコンもよくそれに応えて『学問の進歩』（１６０５年）を英語で執筆し、国王に献呈している。

だが一方では、ジェームズ1世は、思い込みと猜疑心がつよく、偏執狂的性格がつよい人物でもあった。イングランドの国王を兼任する以前には、すでに『悪魔学』（デモノロジー、１５９７年）という著書も出しており、魔女の存在を信じて心底から恐れ、タバコの煙を極度に嫌っていた。そんな国王に、ベーコンは高官として仕えていたのである。

さらに、スコットランドからやって来た国王は、イングランドではあまり好まれていなかったこともあり、バラマキによって人心をつかもうと試みている。『消費社会の誕生　近世イギリスの新プロジェクト』（ちくま学芸文庫、２０２１年）の著者ジョオン・サースクのように、ジェームズ1世が統治した時代を「腐敗の時代」と表現する経済史家もいる。「腐敗の時代」は、エリザベス時代の「経済成長の時代」が生み出したものだ。

派手好みの宮廷生活で出費がかさみ財政難となっていたため、１６１８年から始まった大陸の「三十年戦争」に介入しなかったのは、結果としては賢明であった。だが、国王による経済的独占に対する反対論は国内で強かった。北米植民地は順調に成長していたが、１６１３年に始まった日本貿易は、オランダとの競争に敗れ去り、わずか10年で日本市場から撤退することを余儀なくされている。１６１４年から景気後退が始まり、17世紀のイングランドは「停滞の世紀」となった。

17世紀は全般的に寒冷期であり、ジェームズ１世の治世は厳しい不況（１６２０年～１６２６年）で幕を閉じている。１６２５年にはロンドンで腺ペストが流行している。17世紀イングランドの時代精神は「メランコリー」（憂鬱）でもあった。

ちなみに、「血液循環説」を唱えて近代医学の父となったウィリアム・ハーヴィーは、ジェームズ１世の侍医であり、またベーコンのかかりつけ医でもあった。

絶頂からの転落　酸いも甘いも噛み分けた人生

理想を説いた哲学者は、同時に権謀術数渦巻く宮廷政治を生き抜いた「中の人」でもあった。

まさに好事魔多しというべきか、「60歳の誕生日」を盛大に祝った絶頂期から1ヶ月もたたずに、天国から地獄にまっさかさまに転落することになる。1621年のことだ。政敵からの激しい攻撃にさらされていたベーコンだが、脇が甘かったというべきか、収賄容疑で糾弾され失脚し、4日間だけであったが投獄という屈辱を味わうことになったのだ。スケープゴートになったという説が有力だが、専制君主の宮廷においては、いつおこっても不思議ではない事態だったともいえるかもしれない。

ベーコンもまた、おなじく政治家であったが失脚した古代ローマのキケロやセネカにみずからをなぞらえて、晩年の5年間を著作活動に専念している。だが、キケロのように暗殺されたり、セネカのように自死を強いられずに済んだのは、ベーコンにとっては幸いだったというべきだろう。

これは余談であるが、ベーコンの人生は、日本でいえば、ちょうどベーコンの1世紀後に生きた儒者で政治家の新井白石（1657年〜1725年）と奇妙なまでによく似ている。「日本の百科全書家」（桑原武夫）という評もある白石だが、「60歳の還暦祝い」の2ヶ月後に失脚したのは、将軍の代替わりで八代将軍吉宗の治世になったためだ。白石もまたベーコンと同様、失脚後には著作活動に専念している。ベーコンにとっては5年間、白石にとっては9年間の晩年であった。

仕事が多忙であればあるほど、哲学に癒しを見いだす人もいる。『自省録』のローマ皇帝マルクス・アウレリウスがそうだった。「政治家ベーコン」にとっても、精神のバランスを保つうえでは、「哲学者ベーコン」としての学問研究が必要不可欠だったのだろう。仕事以外に熱中できるものがあったからこそ、政治的失脚という失意のなかにあっても、充実した晩年を過ごすことができたといえるのではないだろうか。

ベーコンは、雪をつかった鶏肉の冷凍保存実験中に悪寒を発し、気管支炎をこじらせて65歳で亡くなっている（1626年）。加工食品のベーコンが、ブタ肉の塩漬け燻製保存法であることを考えると（つづりはおなじbaconだ）、エピソードとして面白い。とはいえ、本人も死の床でみずからをなぞらえたように、ヴェスヴィオ山の噴火を観察中に亡くなった、『博物誌』の大プリニウスのような死を迎えることができたのは、実験と観察を重視した「哲学者ベーコン」としては本望だったかもしれない。

編集方針について

編集にあたっては、「政治家ベーコン」による人生訓と処世訓を中心に、「哲学者ベーコン」による学問論をあわせて全部で１６２編を選出した。あまりにも簡潔でわかりにくい場合はことばを補い、長い文章の場合は編集を加えて短縮してある。

全８章で構成しているが、時代を超えて現代でも通用する内容で、かつ基本的に実践的な処世術にかんするものを選び出した。

政府高官であったため、国家にかんする言及が少なくないが、営利と非営利を問わず、組織人ならある程度は体験するところではないかと思う。自分の立場に置き換えて読めば、納得いくものもあるのではないだろうか。

ルネサンス時代に生きたベーコンもまた、共和制から帝政移行期の古代ローマ史を「先行事例」として学んでいる。ベーコン流の解釈を通じたものではあるが、古代のギリシア人やローマ人の知恵を「教養」として学ぶことも本書で可能となるだろう。

Ⅲ章には「イドラ論」を含めた「哲学者ベーコン」の発言を収録した。やや理解しにくいかもしれないが、ベーコン自身が実際にどう発言しているかの参考にしていただけると幸いだ。「イドラ論」とは、現代では「認知バイアス」として知られているものだ。人間が人間である限り、そして人間がことばをつかう限り、先入観や固定観念といったバイアスから逃れることはできないのである。

400年前のベーコンには想像すらできなかっただろうが、デジタル時代の21世紀の現在、「知識の量」を誇ることは、あまり意味はなくなっている。「知は力なり」ではあるが、むしろ「知識の質」を向上させることが重要だ。「再魔術化」が進んでいるとさえいわれる現代、陰謀論やフェイクニュースに足をすくわれないためにも、「魔術から科学へ」の過渡期を生きたベーコンの忠告には大いに耳を傾けたいものだ。

とはいえ、ベーコン自身による人生論や処世術も、もちろんバイアスを免れているわけではない。必ずしも同意しかねる発言も、なかにはあるだろう。このことを十分に意識して読み進めてほしいと思う。

「超訳シリーズ」の一冊として今回ベーコンをとりあげることになったのは、編集担当の藤田浩芳氏からの提案があったからだ。

昨年2020年12月に出版した拙著『世界史から読み解く「コロナ後」の現代』(ディスカヴァー携書)では、16世紀から17世紀にかけての大転換期を扱っている。ベーコンについても、遺作となったユートピア小説『ニュー・アトランティス』について日本とのからみで言及している。そんな折りの藤田氏による提案は、まさに渡りに船であった。

ただし、その時点では、ベーコンの17世紀英語が想像以上に難物であることは気がついておらず、訳出にあたっては、日本の真夏の猛暑もあいまっておおいに苦労させられることになった。このことは正直に告白しておきたい。ベーコンは、シェイクスピアの同時代人でもあった。

佐藤けんいち　　２０２１年9月11日

超訳ベーコン　未来をひらく言葉　目次

I　成功の極意

II 仕事の極意

III 知性を磨く極意

Ⅳ 心を磨く極意

V 人とつきあう極意

VI うまく立ち回る極意

VII リーダーの極意

VIII 学びの極意

I

成功の極意

001

チャンスを逃すな

運命は市場《いちば》のようなものだ。ちょっとだけ待つことができれば、値段が下がることも多い。また、最初は全部出してくるが、その次からはだんだんと量を減らしてくることもある。にもかかわらず、値段は据え置いたまま、というやつだ。

「チャンスは前髪をつかめ、なぜなら幸運の女神に後ろ髪はないから」という、よく耳にする格言がある。

たしかに、ものごとを開始するタイミングを見極められる知恵は最高の知恵だと言っていいだろう。

『エッセイズ』

002

変化を恐れるな

いつも自分らしくなくてはならないと思い込み、そこから一歩も踏み出せない生真面目な人は、威厳は保てても幸運を手にすることはない。

可能な限り、あらゆる努力をつくして、そのときどきの状況に柔軟かつ素直に反応するマインドをつくることも重要なのだ。というのは、「変わらなければならないのに、変わらないままだった」（キケロ）という表現があるように、状況が転換しているのに元のままでいることほど、人間の運勢を妨げるものはないからだ。

『学問の進歩』

003

過去にとらわれるな

こだわりが強くて、柔軟に身動きがとれないため、自由自在に変わるなんてできないのが当然だと思い込んでいる人がいる。

経験上うまくいっているのだから、変えるべきだなんて信じられないという、妄想の持ち主もいる。

過去の努力を無にするのは気が進まず、状況なんて自分の思うようになると思い込んでいる人もいる。

だが、いずれも最終的には、バカを見ることになる。というのは、ほかには処方箋などまったくないことを認めざるを得なくなるからだ。

『学問の進歩』

004

流れには逆らわないほうがいい

「運命と神々には従え」というフレーズがラテン語にある。そのときどきの状況といっしょに変わるだけでなく、流れには逆らわず、信用や能力があっても極端なまでに無理はせず、行動においては実行可能なことを選べ、という教訓だ。

というのは、このようにすれば失敗することもなく、一つの問題にとらわれすぎることもなく、節度がある人だという評判を得て、多くの人たちを喜ばせ、着手したことはつねに幸運をもたらしていると見せかけることができるわけだ。

つまるところ、名声が大いに増さずにはいかないのである。

『学問の進歩』

005

可能性を信じつづける

可能性ということにかんしては、海のほかなにも見えないとき、陸はないと思うのはダメな探検家である。

『学問の進歩』

006

リラックスとご機嫌が最高の教え

食事と睡眠、そして運動の時間には、いつもリラックスしてご機嫌でいよう。それが長生きするために最高の教えだ。

避けるべき感情は、嫉妬、恐怖、心配、内攻する怒り、詮索、喜びのあまりはしゃぐこと、人に言えない悲しみ、などである。

受け入れるべき感情は、希望、そして快活さ、驚異と感嘆などだ。だからこそ、歴史や自然観察などが心を満たしてくれるのである。

『エッセイズ』

007

自分の運命は自分でつくる

これは否定できないことだが、運命に大きな影響を与えるのは、自分の外で起こる偶発的な出来事である。それは、他人から受ける恩顧、好機、他人の死、うまく長所を発揮できる機会である。

外的な原因としてもっとも多いのは、ある人の愚かさが他人の幸いとなるケースだ。他人の過失ほど、突然に成功をもたらすものはない。

とはいえ、個人の運命を形成する鋳型は、もっぱら自分の両手のなかにある。「誰もが運命の建築家」だと、古代ローマの劇作家は言う。

『エッセイズ』

008

逆境でこそ美徳が輝く

逆境にも、慰めや希望がないわけではない。順境にも、恐怖や不快なことが多くともなうのとおなじことだ。

織物や刺繍を見るとき、地味な落ち着いた地に生き生きとした派手な模様のあるほうが、明るい地に暗くて沈んだ模様があるより目には快い。

貴重な香料は、焚かれたり砕かれて粉にされたりしたとき、もっとも芳香を放つ。人間の品格はそれに似ている。

逆境は、美徳をもっともよく浮かび上がらせる。そして順境は、悪徳をもっともよく露呈させるのだ。

『エッセイズ』

009

どうしたら名誉を得られるか

以下のようなことを成し遂げることができたら、大きな名誉を得ることになるだろう。
・いまだかつて試みられたことがないこと
・試みられたことはあっても放棄されたこと
・達成されたものの、細部の仕上げがよくなかったこと
これらは、先例に従ったにすぎないようなことを実行するよりもはるかに大きな名誉である。

また実行にあたって、すべての関係者がそれぞれに満足するよう、たくみに仕事を配分するなら、賞賛の声はさらに大きなものになることは間違いない。

成功して得られる名誉より失敗して味わう屈辱のほうが大きくなるような事業に手を出してはいけない。そんなことに乗り出していく人は、名誉の求め方が下手だとしかいいようがない。

『エッセイズ』

010

ちょっと抜けているほうが幸運をつかめる

運命の道は、天空の銀河の道に似ている。それは、小さな星の数々が出会い、結びつく場所だ。一つひとつでは見えないが、いっしょに合わさることで光を発している。運命の道も同様に、小さくて、ほとんど見分けがつかないような長所が合わさって、人びとを幸運に導くのである。

イタリア人たちは、そういった長所や資質のうち、ほとんど人が思いつかないようなポイントに注目している。まず間違いなく成功すると思われるのはどういう人か、という話題になったとき、ほかの条件と一緒にあげられるのは、「ちょっと抜けたところがある」というものだ。たしかに、ちょっと抜けているがバカ正直ではないということほど、幸運をもたらす資質はほかにないだろう。

『エッセイズ』

011

幸運は自信と名声、そして幸福を生み出す

幸運を急に手に入れた人は、冒険家になるか、落ち着きのない人になるかのどちらかだ。だが、苦労した結果として幸運を手にした人は、有能な人になる。

このような幸運は栄誉を与えられ尊敬されるべきだ。「幸運」の二人の娘は「自信」と「名声」である。「自信」は自分のなかに生まれ、「名声」は自分に対する他人のなかに生まれる。さらにこの二人が「幸福」を生み出す。

『エッセイズ』

012

能力だけではなく運も必要だ

成功した理由を、自分自身の知恵や才覚のおかげだと公然と言い張る人に限って、最後は不運に終わることは、これまでも注目されてきたことだ。

古代ギリシアのアテナイの将軍ティモテオスは、政府に提出した報告書のなかで、「この点（自身の成功した点）にかんしては、幸運はまったく関係ない」と何度も述べている。だが、その後の戦歴において、なんら成功したケースがなかった。プルタルコスは『対比列伝』にそう記している。

『エッセイズ』

013

恩恵はそれにふさわしい人に与えよ

イソップの寓話にあるように、雄鶏《おんどり》に宝石を与えてはいけない。雄鶏は一粒の大麦をもらったほうがはるかに喜ぶし、幸せだろう。

「神は、ただしい者にも、ただしくない者にも雨を降らし、太陽を輝かせる」（新約聖書・マタイ伝）。だが、人びとに等しく富を降らせることはないし、名誉や美徳を輝かせることもない。恩恵はすべての人に与えられなければならない。だが、特別な恩恵は人を選ぶ。

『エッセイズ』

014
野心は妨げなければ役に立つ

野心というものは、胆汁［*］のようなものだ。妨げられることがなければ、人間を活動的にし、熱心にし、敏捷《びんしょう》にし、動き回るようにする。だが、もし妨げられて自由に動けなくなると、干からびて、有害で有毒なものと化す。

だから、野心家が、昇進する道が自分に開かれていると思い、前進しつづけることができるなら、それは危険ではない。

だが、もしその欲望が阻止されるようなことがあると、ひそかに不満を抱え、人びとに対しても物事に対しても悪意をもって眺めるようになる。そして物事がうまくいかなくなると、大いに喜ぶようになってしまう。

『エッセイズ』

＊ 近代医学確立以前の「四体液説」（血液・粘液・黄胆汁・黒胆汁）にもとづく。

015

多忙な野心家は危険ではない

数ある野心のなかでも、偉大なことで傑出しようとする野心は、どんなことでも目立とうとする野心よりも、実害が小さいといっていい。というのは、どんなことでも目立とうとする野心の場合、混乱が発生し、業務の妨げとなるからだ。

また、子分たちを抱えて強大な野心家よりも、業務に忙殺されている野心家のほうが、危険は小さい。有能な人びとのあいだで抜きんでようとする野心家には、やらねばならない業務が多いからだ。だが、これは公共のためにはよいことである。

つまらぬ連中のなかで唯一無二の大人物になろうなどとたくらんでいる者は、時代全体が衰退する原因となる。

『エッセイズ』

016

ある程度まで富を築けば加速度がつく

金持ちになる方法はいろいろあるが、その大半はいかがわしいものだ。ケチに徹するのは最上の方法の一つだが、それでも罪がないとはいいがたい。というのは、そのために、施しや慈善行為を控えてしまうからだ。

「少しばかり富を得るのには大変な苦労をしたが、そこから巨富を築くまではじつに簡単だった」と述べた人がいるが、それは本当のことだ。

というのは、お金が十分にあれば、商品の売り時を待つことができるし、他人が手を出せない大口取引も競り落とすことができるからだ。つまり、儲けるつもりがなくても、儲かってしまうことになる。

『エッセイズ』

017

投資は高リスクと低リスクの両方で行う

ふつうの商売や職業による利益は正当なものだ。それは次の二つによって促進される。すなわち「勤勉」と「よい評判」だ。評判とは、公正な取引をするという評判である。投資は、信頼できる相手を選べば、大いに富をふやすことになる。幸運にも、あらたな発明や特権を最初に手に入れることができれば、ときには驚くべき巨額の富が転がりこんでくることにもなる。

確実な儲けにあぐらをかいている者は、巨富を築くのは難しい。また全財産を高リスクな投資にぶち込む者は、ときとして破産して貧乏人になってしまうこともある。だからこそ、投資をするなら低リスクの対象も選んで、利益を確保しておく必要があるのだ。

『エッセイズ』

018

富の取り扱いには注意が必要だ

富を軽蔑するように見える人を、あまり信用してはならない。というのは、富を得る見込みがまったくないから、富を軽蔑してみせるのだ。だから、そんな人が富を得たときには、じつに始末の悪い存在となる。

ささいな金額を出し惜しみしないことだ。富には翼があって、ひとりでに飛び去っていく。たくさん持ち帰ってくるように飛び立たせることも、ときには必要だ。

人はその富を、親類かあるいは公共に残す。いずれの場合も、適正な額にしておくと、もっともうまくいく。

一人の相続人に莫大な財産を残すと、ハゲタカどもが群がってきて、つかみかかろうとすることだろう。その相続人が、年齢的にも判断力の点でも十分しっかりしていない場合には。

『エッセイズ』

019

出費は抑えなくてはならない

富は、使うためにある。そして、名誉と善行のために使うものだ。だからこそ、臨時の出費は、そのときどきの重要性によって制限されなくてはならない。

だが、経常的な出費は、その人の身分によって制限されなくてはならない。自分の資力の範囲内で、しかも使用人たちに欺かれたり乱用されたりせず、注意して管理されなくてはならない。また、送られてくる請求書の金額ができるだけ低くなるようにしなくてはならない。

たしかに、収支を均衡させて富を減らしたくないなら、経常的な出費は収入の半分を超えてはならない。さらに金持ちになりたいなら、三分の一以下に抑えなくてはならない。

『エッセイズ』

020

借金の清算は一気にしないほうがいい

財産を処分して借金を清算する際には、あまり急激にやりすぎないほうがいい。あまりに時間をかけすぎるのもよくないが、急ぐと自分に害が及ぶかもしれない。売り急ぐことは、ふつうは不利になるからだ。

さらに、一気に清算すると、またしても借金をしてしまうことがある。いったん苦境から脱したとたん、元の浪費の習慣に戻ってしまうからだ。

段階を追って清算していく人は倹約が習慣となるので、マインドだけでなく、財産の面でも得るところがある。

財産を元の状態まで回復したい人は、細々とした小さなことも軽んじてはならないのである。

『エッセイズ』

II

仕事の極意

021

もっとも重要なのは仕事が速いこと

賢者ソロモン王は、こう言っている。

「その仕事の速い人が見えるか？　その人は、王たちの前に立つだろう。だが、卑しい人たちのあいだにはいないだろう」

旧約聖書の『箴言』からの引用だが、ここに述べられているのはどういうことか説明しよう。

名誉を勝ち取るために必要な美徳のうち、もっとも重要なものは、仕事が速いということだ。地位が高い人たちは、自分の部下には、考えが深すぎたり有能すぎる人たちを持ちたがらないことが多い。ほしいのは、仕事が速くて勤勉な人たちなのだ。

『学問の進歩』

022

議論を省略してはいけない

仕事が速い人と思われたくて、短時間で手際よく会議が終わったように見せかける人がいる。だが、要点を押さえて議論を終わらせることと、議論を省略してしまうことは、まったくの別物だ。

私の知り合いに、ある賢い人がいるのだが、急いで結論を出そうとする人たちを見ると、口癖のようにこう言っていたものだ。

「結論を早く出すには、急がせないこと！」

ただし、ほんとうに迅速であることは価値あることだ。仕事を測る尺度は時間であり、品物がカネで表示されるのとおなじだからだ。迅速さを欠いていては、割高なものとなる。

『エッセイズ』

023

業務分担は細かくしすぎない

順番と分担、そして重要な部分の選別が、迅速に業務を進めるためには死活的に重要だ。分担については、あまり細かすぎないほうがいい。というのは、業務を分けないとうまく進められないのは確かだが、逆に業務を細かく分けすぎると、かえってその業務から抜け出せなくなってしまうからだ。

そして、タイミングを選ぶことは、時間の節約になる。タイミングを選ばない活動は、空を撃つように無意味である。

『エッセイズ』

024

行動はスピードが勝負だ

機が熟しているのか、それとも機が熟していないのか、つねによく考えてみる必要がある。ここでは、ギリシア神話の登場人物を比喩にして考えてみよう。

一般に、重大な行動を始めるにあたっては「全身に百の眼をもつ巨人アルゴス」に、行動を終わらせるには「百の腕をもつ巨人ブリアレオス」に任せるのがよい。つまり、最初にじっくりと十分に注意を払い、次はスピード勝負で行くことだ。

政治家は、謀議においては秘密保持、実行にあたっては電光石火の迅速さが必要だ。というのも、実行段階においては迅速さに匹敵する秘密保持はないからだ。目にもとまらぬ速さで空中を飛んでいく弾丸のようでなければならない。

『エッセイズ』

025

成功事例にも失敗事例にも学べる

職務の遂行にあたっては、自分の目の前に最高の実例をおくこと。というのは、すぐれた実例を模倣することは、教訓をかたまりごと手に入れるようなものだからだ。

しばらくたったら、自分自身が作成した実例を目に前におくこと。自分が最初にベストをつくしていたかどうか、自分自身をきびしく点検してみることだ。

かつて同じ地位にいた人たちが担当したが、うまく処理されなかった実例も無視してはならない。ただし、それは過去の行為を責め立てて、自分を引き立たせるのが目的ではない。なにを避けるべきか、自分自身に指示するためだ。

だからこそ、得意げになったりせず、前の時代や人物を非難したりせずに改善を行うこと。すぐれた実例にしたがうだけでなく、自分でもつくりだすことを心がけるべきだ。

『エッセイズ』

026
つねに代替案を用意する

なにか一つのことにコミットしすぎるのは危険である。一見、安全なように見えるが、じつはそうではない。そこから飛び出せる窓、あるいは脱出ルートをいつでも確保しておくべきなのだ。古代の寓話に、二匹のカエルが登場するものがある。この寓話が語る知恵に従うことだ。

水たまりが干上がってきたとき、二匹のカエルは、どうするべきか相談した。一匹は、「穴のなかに移動しよう、そこなら水も干上がることはないだろう」と言った。もう一匹は、それに答えてこう言った。

「なるほど、そうかもしれない。でも、もしまた干上がったら、どうやって穴から這い上がるんだい？」


『学問の進歩』

027

人から情報を引き出す

情報収集の方法には、わかりやすく要領を得たものが三つある。

第一に、世の中と広くかかわり、世の中のことをよく見ている人たちと知り合って、親交をもつことだ。仕事にも人物にも多様性があるので、知識が完璧で理解の深い友人が各分野にいるなら、少なくとも誰か一人とは親しく交際すること。

第二は、自由にしゃべることと秘密を守ることにかんしては、どちらか一方に片寄らないことだ。しゃべるだけでなく秘密を守る人なら、相手もいろいろしゃべってくれる。

第三は、どんなときでも、行動すると同時に観察もするという、注意深くて穏やかな性質を身につけることだ。


『学問の進歩』

028

たくさん質問して引き出す

多く質問する人は、多く学び、しかも人を多く満足させる。相手の能力にあわせて質問するときは、とくにそうだ。というのは、相手に答えるきっかけを与えるだけでなく、よろこんで話してもらえるだろうし、ひいては自分がたえず知識を集めることにつながるからだ。

だが、相手を困らせるような質問はしないことだ。それは試験官のすることだからだ。また、ほかの人たちにも話す機会を与えるといい。いや、それどころか、話を一人占めしようとする者がいたら話をやめさせて、ほかの人を会話に引き込むようにするといい。

『エッセイズ』

029

相手にあわせて対話する

思慮分別のある話は、雄弁にまさる。そして、つきあう相手に応じて話をあわせることだ。

対話のない長話は、話し手の鈍感さを示している。話が本題からはずれた余談になったり、話の内容に一貫したものがないと、軽薄さや頭の悪さを示すことになる。

また、本題に入るまえの前置きが長い話は退屈だ。とはいえ前置きがまったくないのは、ぶっきらぼうすぎる。

『エッセイズ』

030

会話には変化をつける

会話においては、話のきっかけを与えることが、もっとも名誉ある役割である。そして会話を進行させ、またなにか別の話題に切り替える。ダンスでリード役をするのとおなじことだ。

本題にさまざま要素をとりまぜて変化を与えるのはよいことだ。たとえば、時事的な話題には議論、物語には理屈、質問には意見、冗談にはまじめな話である。というのも、つまらない話が長々とつづいたら飽きてしまうからだ。

冗談については、なにかピリッと気の利いた、相手の急所を突くような話を投げつけずにはいられない人たちがいる。だが、そういう気性は抑制しなくてはならない。

『エッセイズ』

031

発言を途中でさえぎってはいけない

議事進行においては、最初の報告は、よく聞くべきである。

また、司会者は発言の途中でさえぎるよりも、はじめに指示を与えておいたほうがいい。というのも、話の順番を狂わされると、話が前に進んだり後戻りしたりして、話そうとしていたことを思い出せなくなってしまい、結果として話がもたもたして退屈なものになってしまうからだ。さえぎらずに、報告者にはそのまま話をさせたほうがましだ。

ところが、ときどき見られるのだが、報告者よりも司会者のほうが、はるかに手に負えない存在になっていることもある。

『エッセイズ』

032
要点の繰り返しは時間の節約になる

繰り返しは、ふつうは時間のムダである。だが、要点を何度も繰り返すことほど、時間の節約になるものはない。問題と関係ない、つまらない話を追い払えるからだ。

微に入り細にわたった長話は、迅速に事を進めるには適していない。裾の長い礼服や引きずるように長いマントが、競走に向いていないのとおなじことだ。前置きや寄り道、くどくどした弁解、自分自身についての言及など、まったくもって時間のムダである。謙遜しているように見えるが、実際は自己宣伝にすぎないからだ。

とはいえ、あまり単刀直入になりすぎないよう、注意すべきときもある。わだかまりや差し障りがある場合である。なぜなら、聞き手の先入観を取り除くために、話に前置きが必要になるからだ。

『エッセイズ』

033
会議資料は必ず作成する

議事を進めるにあたっては、プロセスを三分割する必要がある。準備、討論（ディベート）による内容の検討、そして完成である。

迅速さを求めるなら、プロセスの中間にくる討論だけは多数の者に任せるが、最初と最後の準備と完成のプロセスにかんしては、少数の者にゆだねるべきだ。

文書をもとに議事を進めることは、迅速さを促進することになる。というのは、たとえその議案が完全に否決されることになっても、方向性を示すことになるからだ。あいまいなままで放置されることなく、否決されたことじたいが文書として残るからだ。塵《ちり》は塵のままだが、文書は焼却して灰になれば肥料になる。

『エッセイズ』

034
文書かそれとも口頭か、それが問題だ

一般に取引にあたっては、手紙でやりとりするより、口頭で行ったほうがいい。また、自分自身で行うより、第三者を仲介者に立てたほうがいい。

とはいえ、手紙がいい場合もある。相手からの返答を記録に残したいなら手紙でもらうほうがいい。また、自分の立場を弁護する必要が発生した際には、自分が出した手紙が証拠となる。あるいは、自分の話が途中で打ち切られたり、話を全部聞いてもらえない恐れがあるときも、口頭より手紙のほうがいい。

直接会ってやりとりしたほうがいいのは、つぎのような場合だ。視線を読み取る必要があるような、微妙なシチュエーションの場合。また、話を言い直したり説明したりする自由を確保しておきたい場合である。

『エッセイズ』

035

交渉の仲介者にはこういう人を選べ

交渉の仲介者を選ぶにあたっては、抜け目のない人よりも、比較的正直な人がいい。他人の仕事をダシに、なにか自分の利益になることを考えたり、依頼人を満足させるために報告内容をよく見せようと粉飾したりしかねない人は困る。依頼されたことはキチンと実行し、交渉が成功した際には内容を忠実に報告してくれる人がいい。

そして、自分の仕事が好きな人を選ぶといい。好きこそものの上手なれ、だ。また、事柄に適した人を選ぼう。抗議には大胆な人を、説得には口のうまい人を、調査や観察には狡猾な人を、うまくいきそうもない仕事には、強情で一筋縄ではいかない人を選ぶ。

また、以前に運よく成功した経験の持ち主を選ぶといい。というのは、さらに自信を生み出し、評判を落とさないように努めようとするからだ。

『エッセイズ』

036

相手より有利に交渉を進めるには

最初からいきなり核心に迫るより、取引相手の人物について、それとなく遠回しに探りを入れてみたほうがいい。とはいえ、なにか短い質問で不意打ちを食らわせたいなら、話はまた別だ。

満足している人より、ガツガツ喰らいついてくる人のほうが組みしやすい。

相手と取引する際には、互いにさまざまな条件を出し合うことになるが、こちらが有利になるには、相手から先に履行してもらうことが重要だ。だが、それは当然のことながら難しい。

ただし例外はある。以下に述べることを相手が納得する場合だ。まず、その事柄の性質から最初に相手にやってもらわなくてはならないこと、今回とは別の件でも相手を必要とすること、自分が相手よりも正直な人であること、である。

『エッセイズ』

037

相手の本音を引き出す

交渉事というものは、自分の本音をさらけ出すか、相手の本音を引き出すよう働きかけるかのどちらかしかない。

人間というものは、相手を信用しているとき、激情に駆られているとき、油断しているとき、またなにかをしてほしいのに適当な口実が見つからないとき、思わず本音をさらけ出してしまうものだ。

相手の性質や習性を知ったうえで相手を導くか、あるいは相手の目的を知ったうえで説得するか、弱みや不利な点をつかんだうえで威圧するか、利害関係がある存在をつうじて相手を支配するか、そのいずれかが必要だ。

『エッセイズ』

038

抜け目のない人物との交渉

抜け目のない人物と取引する際には、つねに相手の目的がどこにあるのか考えながら、相手の発言がなにを意味しているのか解釈しなければならない。また、言質をとられないように相手に対してほとんどなにも言わず、相手の虚を突くために思いもしないことを話すのがよい。

困難な交渉事においては、種まきと同時に刈り入れを期待してはならない。準備に時間をかけたうえで、だんだんと熟していくのを待つべきなのだ。

『エッセイズ』

039

自分の性格に合った職業を選べ

自分の性格が、職業と人生のキャリアに一致しているかどうか、よく考えてみることが重要だ。もし、まだ職についていないなら、性格に応じて職を選ばなくてはならない。すでに職についている場合は、性格に一致していないと思ったら、すぐに機会を見つけて辞めるべきだ。

たとえば、ヴァレンティーノ公チェーザレ・ボルジアが実行した例が知られている。父親のローマ教皇アレクサンデル6世の意向に従って司祭の職についたが、血の気の多い自分の性格から、まもなく司祭を辞めてしまった。

とはいうものの、チェーザレが君主となったのと、それとも司祭のままでいたのと、どちらがより悪かったかについては、なんとも言いようがないのだが。

『学問の進歩』

040

競争相手がいない分野を選べ

自分と競合し、ライバルになりそうな人たちと、どう差別化していくか。これは、よく考えなくてはならない課題だ。結論からいえば、選ぶべきコースは、競争相手がほとんどおらず、自分がもっとも目立つことのできそうなものであることだ。

古代ローマの政治家カエサルの例で考えてみよう。カエサルは、もともと弁論家、あるいは弁護士であった。だが、その分野ではキケロやホルテンシウス、カトゥルスその他の弁論家たちが優秀であることを知った。軍事の分野に目を転じてみると、ポンペイウス以外に名声のある者はおらず、国家としてポンペイウスに依存せざるを得ないことを知った。

そこでカエサルは、文民として大衆の喝采を受ける夢を捨て、軍人として偉大な存在となる方向にキャリアチェンジしたのである。

『学問の進歩』

041

自分と似た人物を模範にせよ

模範とする人物にならって、どう自分を導いていくか、この点にかんしてもまた特別な注意が必要だ。他人を見て自分にもできそうだと思っても、自分の性格や行動様式が、模範にしようとしている人とは、大きくかけ離れていることがあるからだ。

そんな誤りを犯したのが、古代ローマのポンペイウスだ。キケロによれば、「スッラにできたのに、自分にできないはずがない」というのが、ポンペイウスの口癖であったらしい。

ポンペイウスは、その点で大きく間違っていたのだ。彼が模範とした人物スッラは、性格も振る舞いも、世界中でもっとも似ていない者だった。スッラは、激しく乱暴でがむしゃらな性格だったが、ポンペイウスは、礼儀正しく品位のある態度の持ち主だった。つまり、模範にするのが無理だったのだ。

『学問の進歩』

042

激しい性格の持ち主は行動に注意せよ

生まれつき血の気が多く、欲望や動揺が大きくて激しい性格の持ち主は、中年期を過ぎるまでは、行動においては未熟である。

歴史上の人物を引き合いに出せば、古代ローマのカエサルやセプティミウス・セウェルス帝が、まさにそうであった。二人のうち後者については、「過失に充ち満ちた、それどころか狂気に充ち満ちた青年時代を過ごした」といわれている。にもかかわらず、歴代のローマ皇帝のなかではもっとも有能であった。

だが、沈着冷静な性質の持ち主は、若いときでもうまくやっていける。初代ローマ皇帝のアウグストゥス、フィレンツェ公コジモ・デ・メディチなどに見られるとおりだ。

さらに言えば、老年における熱意と快活は、仕事をするにはすぐれた気質である。

『エッセイズ』

043

出世するとは自由を失うこと

高い地位にある人びとは、三重の意味で召使いである。国家の召使いであり、名声の召使いであり、仕事の召使いである。だから、かれらには自由がない。自分の身体にも、行動にも、時間にも。

権力を求めて自由を失うとは、そしてまた他人を支配し、自分自身を支配する権力を失うとは、なんと奇妙なことだろうか。

『エッセイズ』

◦44

いいことがないのに地位にはしがみつこうとする不思議

出世するには、大きな苦労がつきものだ。苦痛に耐え、さらに大きな苦痛に達するわけだ。出世するためにはときには卑屈にならねばならない。尊厳を失うことで、尊厳を手に入れるわけだ。

しかも、苦労して手に入れた立場は足元がすべりやすい。へたをしたら転落が待っている。じつに憂鬱としかいいようがない。

人間というものは、リタイアしたいと思ったときにはリタイアできず、リタイアすべきときには地位にしがみつこうとする。年とって病気になり、隠居すべきときにも辞めようとしない。都会に住む老人が、たとえ軽蔑されようとも、街路に面したドアの前に座りたがるように。

『エッセイズ』

045

高い地位は幸せをもたらさない

地位が高い人たちというものは、自分たちが幸せかどうか考えるのに、他人の意見を借りてこなくてはならない。というのは、自分自身の感情で判断しようとしても、自分のことを幸せとは思えないからだ。

他人が自分のようになりたがっているなら、幸せなのかもしれない。だが、感情はその反対だ。

大きな幸運にめぐまれている人は、自分自身が他人のようになっている。多忙な業務に追われているあいだは、幸せなど感じられない。

『エッセイズ』

046

高い地位は善を実行するために使え

高い地位には、善をなす特権だけでなく、悪をなす特権もある。だが、悪をなすのは呪うべきことだ。悪については、なすことを望まないのがベストであり、なすことができないのがセカンドベストだからだ。

だが、立身出世を願うにあたって、善をなす権力をもつことは、間違いなく正当な目的である。人のためになる善い考えは、実行に移されない限り、善い夢とたいした違いはないからだ。しかも、高い地位と権力という、有利で支配的な立場がなければ、善い考えを実行することは不可能である。

よい仕事をすることが、人間の活動の目的である。そして、それを成し遂げたという達成感が、休息を完全なものにするのである。

『エッセイズ』

047

自分の地位を意識しすぎてはいけない

高い地位に昇る道は、みな螺旋《らせん》階段である。もし対立する派閥があるなら、階段を上っているあいだは特定の側に身を寄せ、高い地位に到達したらバランスをとって中立的になるといい。

前任者の記憶は、公平かつやさしく取り扱うべきだ。というのは、もしそうしなければ、自分が去ったあとに報いがくるからだ。

同僚がいるなら尊重すべきだ。相手が家に招待されることを期待していなくても、そうすべきだ。期待している場合はもちろんだ。

職務上の件で話し合いをしているときも、私的な願い事に答える際にも、あまり自分の地位を意識したり、考えたりしすぎないほうがいい。

『エッセイズ』

III

知性を磨く極意

048

4つの思い込みに気をつけよ

すでに人間の知性に巣くって、そこに深く根をおろしている「イドラ」(=幻影、思い込み)には、4種類ある。

この4つを区別するために、以下の名前をつけることにした。

第一は「種族のイドラ」、第二は「洞窟のイドラ」、第三は「広場のイドラ」、第四は「劇場のイドラ」である。次項以下、それぞれについて説明する。

『ノーヴム・オルガヌム』

049

思い込みその1
人間本性にねざした「種族のイドラ」

「種族のイドラ」とは、人間の本性にねざした思い込みである。人間という「種族」、つまり人類そのものにねざしているので、そう名付けた。

というのは、人間の感覚（＝知覚）が尺度になっている主張は、誤ったものだからだ。視覚・聴覚・触覚・味覚・嗅覚という五感のすべては、人間の尺度によるものであって、宇宙の尺度によるものではない。

そして、人間の知性は、鏡面がでこぼこになった鏡のようなものだ。その鏡が受け取る光線は、事物の本性そのものではなく、人間の本性をまぜあわせたものとなっているので、歪んで変色しているのである。

『ノーヴム・オルガヌム』

050

思い込みその2 経験がもたらす「洞窟のイドラ」

「洞窟のイドラ」とは、個々の人間にねざした思い込みである。というのは、誰でも（人間の本性一般に共通している「種族のイドラ」による誤りのほかに）、自分自身の洞窟、つまり自然の光を屈折させ、変色させる個人的な洞穴をもっているからだ。

それは、以下に述べるものから発生する。各人に固有で特有の性質によるもの。受けてきた教育や他人との交際をつうじて生まれてきたもの。あるいは読んできた本や自分が尊敬し感嘆する人びとの権威によるもの。先入観や偏見を抱いた心から生まれた印象によるもの。

だから、人間の精神は（個々人の素質の違いの差に応じて）、実際には多様であり、混乱に充ち満ちており、いわば偶然によって支配されているのである。

『ノーヴム・オルガヌム』

051

思い込みその3
ことばがもたらす「広場のイドラ」

また、人間相互のかかわりやつきあいから生まれる思い込みもある。人間の結びつきや交わりの場である広場（フォーラム）にちなんで、これを「広場のイドラ」とよぶことにしよう。

というのは、人間は会話によってたがいに結びつくのだが、ことばというものは、一般人の理解にあわせて定められているので、ことばの選択が間違っていて不適切なものだと、驚くべき形で知性の妨げとなってしまうからである。とはいえ、学問のある人びとが、自分の立場を守るときにつかう定義や説明も、けっして事態を改善するものではないのだ。

ことばは、明らかに知性に暴力をふるい、すべてを混乱に陥れ、数知れない空虚な論争と妄想へと連れ去ってしまうのである。

『ノーヴム・オルガヌム』

052

思い込みその4 世界観にもとづく「劇場のイドラ」

最後に、哲学上のさまざまな学説や、あるいはまた論証の誤った法則から、人間の心に入り込んできた思い込みがある。これを「劇場のイドラ」と呼ぶことにしよう。なぜなら、私が判断するところでは、これまで受け入れられてきた学問体系はすべて、架空の演劇的世界の流儀でつくられた、かれら自身の世界観を表現した芝居にすぎないからだ。

それは、いま流行している学問体系だけではなく、古代哲学の学派のことだけでもない。というのは、おなじ様式の芝居が現在でもつくられつづけ、上演されているからだ。そこでは、おなじ誤りが繰り返し、繰り返し再生産されつづけている。

これは、学問体系全体だけではない。個々の原理や法則についても同様なのだ。

『ノーヴム・オルガヌム』

053

人に話すことで考えがはっきりする

考えることがあまりにも多くて、頭が一杯になっている人は誰でも、その考えを自分以外の他者に伝えたり話したりしているうちに、自分の知力や理解力がクリアになり、ほぐれてくるのを感じることだろう。

そうなれば、自分の考えをいっそう気楽にいじり回すことができるし、いっそう整然と整理することもできる。ことばで表現したときどう見えるかもわかるようになる。最後には、自分に磨きがかかって賢くなる。一日の瞑想より、一時間の対話によってそうなるのだ。

アテナイの将軍テミストクレスは、ペルシア王にこう語っている。

「ことばにするとは、絨毯を拡げて見せるようなもの。イメージが形となって現れます。ところが、考えているだけではダメ。絨毯が巻かれていては見えてこないのです」と。じつに名言ではないか。

『エッセイズ』

054

一人でも口に出して考えを磨く

知力を向上させるのが友情の効果の一つであるが、それは忠告を与えてくれる友人だけに限定されるわけではない（もちろん、そんな友人がベストであるが）。そんな友人がいなくても、自分で学んで、自分の考えを白日の下にさらし、自分の知力を砥石《といし》にあてて研ぐのである。一言でいえば、自分の考えを窒息させるくらいなら、彫像や絵画に語りかけたほうがましだというべきだろう。

『エッセイズ』

055

柔軟な若いうちに学ぶのがいい

若い頃に始めたなら、習慣はもっとも完璧なものとなる。われわれは、これを「教育」とよぶ。教育とは、早期に身につけられる習慣にほかならない。

だから、言語においては舌があらゆる表現や音に対して順応性があり、関節が柔軟であらゆる活動や運動に向いているのは若い頃であって、それ以降のことではないのである。

年をとってから学び始めた者は、それほど柔軟になれないというのは確かなことだ。ただし、頭と心が硬化しないように心がけ、自分をオープンにして、修正はたえず受け入れる用意のあるような人は例外である。だが、こんな人はごくまれにしかいないのが現実だ。

『エッセイズ』

Ⅳ 心を磨く極意

056

習慣だけが人間の本性を変えられる

人間の本性は、薬草（ハーブ）にもなるし、雑草にもなる。だからこそ、薬草にはときどき水をやり、雑草は引き抜くことだ。

＊＊＊

人間が本来もっている性質は、しばしば隠れていて表面化しない。ときに克服されるが、めったに消滅することはない。力づくで克服しようとすると、かえって本性を暴れさせてしまうことになる。教えや説得によって、いくぶんはやわらぐ。だが、習慣だけが、本性を変え、服従させる。

『エッセイズ』

057

自分の本性に合ったことをせよ

人間の本性は、独りでいるときに、もっともよく現れる。というのは、そこには見せかけがないからだ。激したときには、教訓など忘れてしまう。あらたな状態や経験の場合には、習慣が役に立たない。

自分の本性が、職業と一致している人は幸せだ。自分が好きでもないことをしている人は、「わが魂は長く異境にある」(旧約聖書・詩篇)と嘆くことになるだろう。

学問においては、あまり本性に合っていなくても、やらなくてはならないものがある。そういったものには一定の時間を設定するしかない。だが、自分の本性に合っていることなら、設定した時間など気にすることはない。考えがひとりでにそちらに向かって飛んでいくからだ。

『エッセイズ』

058

悪しき本性を克服する

自分の悪しき本性に打ち勝とうと努める者は、あまり大きすぎる課題も、あまり小さすぎる課題も自分に設定しないほうがいい。大きすぎる課題は、失敗するとガッカリすることになるし、小さすぎる課題は、成功してもちょっとしか先に進まないからだ。

また、はじめのうちは、水泳をはじめて習う際に浮き輪をつかうように、補助用具をつかうのもよい。だが、しばらくしたら、ダンサーが厚底靴で練習するように、不利な条件で練習するのがよい。というのも、いつもよりハードな練習を行うと、完成度はより大きくなるからだ。

『エッセイズ』

059

悪しき本性を直すための段階

悪しき本性が強力で、打ち勝つのが困難な場合は、段階を追って進めていくことだ。そのためには、怒りを感じたときにアルファベットをAからZまでぜんぶ数えてみた人のように、あせらずに本性を抑制し、心を落ち着かせることだ。

つぎは、量を減らすことだ。断酒したい人が、浴びるように飲む状態から、一食一杯に減らし、最終的には一滴も飲まない状態にもっていくようなものだ。

だが、悪しき本性から即座に自分を解放したいという、不屈の精神と決断があるならば、そうするのがベストである。

悪しき本性をただすために、曲がった棒を反対側に曲げるという、古くからある方法は間違っていない。もちろん、反対側の極端が悪徳でない場合に限られるが。

『エッセイズ』

060

習慣を身につけるための心得

ある習慣を自分に強制するには、ずっとやりつづけるのではなく、ときどき休憩をはさんだほうがいい。休憩するとリフレッシュできるが、それだけではない。まだ完全に身につけていない人の場合、ずっと練習しつづけていると、よい能力だけでなく、悪いクセまで身につけてしまいかねないからだ。

だが、たとえ勝利しても過信は禁物だ。というのは、本性というものは、長いあいだ眠っていても、なにかの機会や誘惑で目覚めてしまうことがあるからだ。イソップの寓話にあるように、少女に化けたネコも、ネズミを見た途端に本性がばれてしまった。

だからこそ、そんな機会は完全に避けるか、そうでなければ、しばしばそんな機会に身をさらして動じないようにするしかない。

『エッセイズ』

061

善意はその人の心を示す

善意はその人の心を示すものだ。

もしある人が、見知らぬ他人に親切でていねいであれば、その人は「世界市民」であり、そのハートは大陸から切り離された孤立した島ではないことを示している。

もしその人が、他人の苦しみに同情的なら、そのハートは、みずから傷つきながらもバルサム（香油）を流す、高貴な樹木のようなものであることを示している。

もしその人が、あやまちをすぐに赦し、免じてあげるなら、その人の心は危害を受けることのない高所にあって、撃ち落とされることがないことを示している。

もしその人が、小さな恩恵にも感謝するなら、その人は人の心を重んじて、金銭というクズには目もくれないことを示している。

『エッセイズ』

062

なにごとも自分の手柄とは思わないこと

イソップがたくみに語ったつくり話がある。一匹のハエが戦車（チャリオット）の車軸に止まってこういうのだ。

「おお、オレはなんと大きな砂ぼこりを立てることよ！」

そのように、世の中には、うぬぼれの強い者たちがいる。自然にそうなったり、自分よりはるかに大きな力で動いているものごとに、ほんのちょっとでも自分がかかわっていると、まるで自分の手柄かのように思い込むのである。

自分のことを自慢する者は、どうしても党派的傾向が強くなる。というのは、すべて自慢というものは、比較の上に成り立つからだ。高言する内容を押し通そうとするので、どうしても粗暴になりがちだ。しかも、秘密を守れないので、結果を出すこともできない。

『エッセイズ』

063

うぬぼれによって業績が上がることもある

軍隊の指揮官や兵士にあっては、うぬぼれは本質的に重要だ。というのは、鉄が鉄を研磨して鋭利にするように、うぬぼれによって、勇気は勇気を研ぎ澄ますからである。多額の費用と冒険を要する大事業の場合は、自慢するという性質が仕事に命を吹き込む。堅実でまじめな性質の持ち主は、帆船の帆というより、むしろバラスト（底荷）というべきだ。

学問上の名声にあっては、見せびらかしの翼がなければ、飛ぶスピードが遅くなるだろう。「名誉を軽んじろと書く人も、その名を著書につける」と古代ローマの弁論家キケロが書いている。ソクラテス、アリストテレス、ガレノスはみな、見せびらかすことの多い人であった。たしかに、うぬぼれで人の記憶に残ることもあるのだ。

『エッセイズ』

064

自分自身ではなく自分の任務を賞賛する

賢者ソロモン王は、「早起きして大声で友人を褒める者は、じつは友人を呪っているも同然だ」という。人物でも物事でも、大げさにもちあげると、かえって反論を招き、嫉妬と侮蔑を買うことになる。

自分自身を賞賛するのは、レアケースをのぞいては、品の良いことだとはいえない。だが、自分の任務や職業を賞賛するのは、みっともないことではない。おおらかな態度を示しているといえよう。

『エッセイズ』

065

嫉妬は暇から生まれる

お節介でせんさく好きな人は、たいてい嫉妬深いものだ。自分の利益になるから他人事に興味しんしんなのではなく、他人の運命を芝居見物のように眺めるのが快感であるに違いないからだ。

自分の仕事しか考えていない人には、他人を嫉妬しているヒマなどない。というのは、嫉妬というものは、さまよい歩く情念であって、街路をうろつき、家にじっとしていることなどないからだ。古代ローマの喜劇作者が登場人物に語らせているように、「せんさく好きな人で、悪意をもたない人などいない」のである。

『エッセイズ』

066

近い人間ほど嫉妬する

近親や職場の同僚、あるいは一緒に育ってきた人などは、同輩が昇進すると嫉妬しがちである。

昇進した人が自分たちのことを指してあざけり笑っているように感じるからであり、なにかにつけ苦々しく思い出すことになるからだ。そしてまた、人の話や評判によって、嫉妬が倍増することになる。

カインの弟アベルに対する嫉妬は、とくに卑劣で悪意あるものだった。誰も見ている人がいなかったにもかかわらず、強烈な嫉妬心が近親憎悪となり、弟を殺害するに至ったからだ［*］。

『エッセイズ』

* 『旧約聖書』の「創世記」から。神への捧げ物が、アベルのものは受け入れられたのに、カインのものは拒絶されたため、カインはアベルを激しく嫉妬して、殺してしまった。

067

比較しなければ嫉妬もない

すぐれた美徳の持ち主は、昇進しても嫉妬されにくい。というのは、この人たちの幸運は当然としか思われないからだ。

借金の返済に嫉妬する者など誰もいないが、報酬や贈り物は嫉妬の対象となる。

嫉妬は、自分と他人を比較するから生まれるのである。比較対象のないところに嫉妬は生まれない。だから、王様はほかの王様からしか嫉妬されない。

それでも注意すべきことがある。立派で能力もある人が嫉妬されるのは、その幸運が長くつづくときである。その輝きを暗くするような新人たちが登場してきたにもかかわらず、あいかわらず輝きつづけるから嫉妬されるのだ。

『エッセイズ』

068

嫉妬されない人たちの特徴

高貴な生まれの人は、出世してもそれほど嫉妬されることはない。というのは、生まれに対して正当な評価だとみなされるからだ。そのうえさらに、幸運が付け加わったとは思われないのである。

嫉妬は、太陽光線のようなものだ。平地よりも、土手や急坂の上では、より熱く照りつける。おなじ理由で、段階を追って昇進する人は、いきなり一足飛びに昇進する人よりも嫉妬されにくい。

名誉を得るにあたって、大きな気苦労や心配、あるいは危険をともなった人たちは、嫉妬の対象にはなりにくい。名誉を得るのが大変だったことが知られているからであり、ときには憐れまれることすらあるからだ。憐れみは、つねに嫉妬を癒やす。

『エッセイズ』

069

見せびらかすと嫉妬される

嫉妬をもっとも招きやすいのは、自分の幸運の素晴らしさを、威張りくさって誇らしげに見せびらかす人たちである。かれらは、外面的な派手さによってか、あるいは反対派や競争相手を圧倒しているときにしか、自分の偉大さを実感できない人たちなのである。

ところが賢い人たちは、白分にあまり関係ないことにかんしては、わざと妨害されたり圧倒されたりして、むしろ嫉妬の犠牲になるのである。

にもかかわらず、自分の偉大さを率直でオープンなやり方で見せびらかすのであれば(ただし、高慢や虚栄をともなわない限りではあるが)、狡猾で悪賢いやり方で見せびらかすより嫉妬を招かない。これは、本当のことだ。

『エッセイズ』

070

嫉妬に休日なし

嫉妬は、もっともしつこくて長つづきする感情の一つである。というのは、嫉妬以外の感情が表面化する機会は、たまにしかないからだ。その意味では、「嫉妬に休日なし」とは、うまく言ったものだ。嫉妬は、つねになにかに働きかけてやまないからだ。

また、恋愛と嫉妬は、人をやつれさせる。この二つの感情以外にはそんなことはない。長続きすることはないからだ。

嫉妬はまた、もっとも卑劣で下劣な感情である。というのは、嫉妬は悪魔に固有の属性だからだ。悪魔は、「夜中に小麦にまぜて毒麦のタネを蒔く、嫉妬深いやつ」と呼ばれている。嫉妬は狡猾にも暗闇のなかで動き回り、有害な働きをするのである。

『エッセイズ』

071

嫉妬を避ける効果的な言葉

嫉妬は、名誉をむしばむガンのような存在だが、名誉から嫉妬を消し去るのには、つぎのように表明するのがもっとも効果的だ。

自分の目的は、名声を獲得することよりも実績をあげることにあり、成功した理由は、自分自身の美点や方策にあったのではなく、神の摂理や幸運のおかげである、と。

『エッセイズ』

072

ウソがなくなったら心は貧しくなる

ウソをまぜることは、つねに快楽を増す。つぎのようなことを、誰が疑うだろうか？気休めの希望や、偽りの評価や想像や、その他もろもろが人びとの心から取り去られたなら、多くの人びとの心が、貧しく萎縮し、憂鬱と嫌気で満たされ、不愉快なものとなるだろうということを。

『エッセイズ』

073

ウソつきで不誠実ほど恥ずべきことはない

清廉潔白で正直な取引が人間の本性にとって名誉であることは、たとえそんな取引を実行しない者たちからも認められることであろう。

虚偽を混ぜることは、金貨や銀貨にその他の金属を混ぜて、合金にするようなものだ。合金にすると金属としての硬度は増すだろうが、貨幣価値を落とすことになる。

ウソつきで不誠実な者だとわかってしまうことほど、人間を恥で覆うような悪徳はない。

『エッセイズ』

074

噂を信じる人は噂をつくる人だ

せんさく好きな人は、おしゃべりだ。似たような理由で、信じやすい人は、だます人だ。噂の場合がそうだが、噂を簡単に信じる人は、またいとも簡単に噂を大きくして、自分で尾ひれをつけるものだ。話をつくることと、それを信じることは、大いに似ている。

『学問の進歩』

075

信じられる噂は身近な人間から出てくる

噂から間接的に人物を知ることができる。弱みと欠点はその敵たちから、長所と能力はその友人たちから、習慣と時間帯はその召使いたちから、考えや意見はもっとも多く議論しあっている親しい友人たちから、だ。

一般的な噂には、たいして価値はない。目上の者たちや同輩たちの意見は、人を誤らせやすい。というのは、そういう人たちに対しては、誰もが仮面をかぶって対応するからだ。弁論家キケロの弟クィントゥスがいうように、「比較的ただしい噂は、一緒に住んでいる身近な人たちから出てくる」のである。

『学問の進歩』

076

猜疑心は頭脳の欠陥だ

猜疑心というものは、数ある想念のなかでも鳥のなかのコウモリのような存在であり、つねにたそがれ時に飛び立つ。猜疑心はよくよく警戒される必要がある。というのは、疑い深くなると心が曇り、友人を失わせ、仕事を妨げ、仕事がスムーズかつ連続的に進まなくなってしまうからだ。

猜疑心は、国王を暴政に、夫を嫉妬に、賢者を不決断と憂鬱に向かわせる。

猜疑心は頭脳の欠陥である。それは、もっとも勇気ある人たちにも生まれてくる。臆病な人たちの場合は、あっという間に心に拡がってしまう。

『エッセイズ』

077

多く知れば猜疑心はやわらぐ

知らないということほど、猜疑心を大いにかき立てるものはない。だからこそ、猜疑心の発生を抑えるには、多く知るようにつとめることであり、猜疑心が頭のなかでくすぶり続けないようにしなければならない。

猜疑心をやわらげる最善の方法は、そのような猜疑心が生まれるのは当然なことだとみなすが、にもかかわらず、それを抑制することにある。

『エッセイズ』

078

自分を疑っている相手に率直に話せ

他人の疑惑の森のなかで道を切り開くには、自分を疑っている相手に率直に伝えるのが最善の手段である。そうすれば、相手は疑惑の真相について以前よりもっとよく知ることになるのは確実だ。

『エッセイズ』

079

怒ってもよいが怒りつづけてはいけない

怒りを完全に消滅させようと努めるのは、ストア派哲学者たちの空虚な自慢にすぎない。

われわれには、もっとよい聖書の教えがある。

「怒りなさい、だが罪は犯してはならない。日が暮れるまで、怒ったままではいけない」

怒りは、その範囲においても、時間においても、制限されなければならない。


『エッセイズ』

080

怒りが収まったら自省せよ

怒りをやわらげるには、怒りがもたらす結果と、怒りがいかに人間の生活を悩ますものであるかについて沈思黙考し、自省してみるほかに方法はない。

また、そうするのにもっともよいタイミングは、怒りの発作がすっかり収まって、怒りを振り返ってみることができるようになったときである。

ストア派哲学者のセネカは、「怒りは、落下物に似ている。落下する先でぶつかって、砕け散る」とうまいことを言った。聖書は、「魂を失わないよう、耐え忍べ」と教えている。

忍耐力のない者は、自分の魂をつなぎとめておくことができない。ハチになってはならないのだ。「ハチは、自分が刺した傷のなかに、自分の命をおとす」と、古代ローマの詩人ウェルギリウスが書いている。

『エッセイズ』

081

傷つきやすい人は怒りやすい

怒りの原因と動機は、おもに三つある。
第一にくるのは、傷つけられることに敏感すぎることだ。自分が傷つけられたと感じなければ、怒る人などいない。だからこそ、やさしい性格でデリケートな人ほど、怒らずにはいられないのである。精神的にたくましい人なら、ほとんど感じないようなことにまで悩まされることが多いからだ。

『エッセイズ』

082

怒りを抑える最上の方法は時間を稼ぐこと

怒りの原因と動機の二番目は、自分に加えられた危害を、侮辱によってなされたものだと解釈することである。というのは、侮辱は怒りに刃物を与えるようなものであって、怒りそのものをさらに激化させるからだ。

怒りの原因と動機の最後は、自分の評判が傷つけられたと考えることだ。すると怒りは倍増し鋭くなる。

怒りを抑えるには、時間を稼ぐことが最上の処方箋である。しばらくのあいだは、復讐は控えることだ。

『エッセイズ』

083

どんなに怒ってもしてはいけないこと

怒りにとらわれても害を及ぼさないようにするためには、特別に注意しなくてはならないことが三つある。

一つは、辛辣な言葉を口に出さないことだ。相手にピタリと当てはまる場合は、とくに気をつけなければならない。「誰にでも当てはまるような悪口」は、たいして問題ではないからだ。

二つ目は、怒りに駆られて秘密を漏らさないことである。そんなことをしたら、周囲からつまはじきにされてしまう。

最後の一つは、腹立ちまぎれに仕事を急に投げ出してしまわないことである。どんなに怒っても、取り返しのつかないことはしないことだ。

『エッセイズ』

084

怒らせるタイミング、怒りを鎮めるタイミング

他人を怒らせたり、逆に怒りを鎮めたりするには、タイミングを選ぶことが重要である。まず、相手を激怒させるには、いちばん機嫌が悪くて、不愉快な気持ちになっているときを狙うべきだ。また、侮辱をさらに大きくするために、探し出せることすべてを集めたうえで侮辱することだ。

怒らせないための対策も二つあるが、そのいずれも、怒らせる方法の反対をいくことだ。相手を怒らせるかもしれないことを話すときには、タイミングをよく計ること。というのは、第一印象が大事だからだ。

もう一つは、相手を怒らせてしまったら、その原因を誤解とか恐怖とか、なにかほかのもののせいにして、侮辱が原因だと解釈させないようにすることである。

『エッセイズ』

085

悪を知らなければ善は無防備になる

悪に対して無知だと、善はオープンで無防備なものとなってしまう。それどころか、正直な人も、悪の知識の助けなしには、邪悪な人びとを改心させることもできない。腐った考えの極限まで知っていることを悟らせない限り、邪悪な人びとは、すべての道徳を軽蔑するからである。

『学問の進歩』

086

悪人に対して怒っても意味はない

世の中には、悪事のために悪事をなす人などいない。悪事によって利益や快楽、そして名誉や、それに類したものを得ようとしているのだ。他人がこの私よりもその人自身を愛しているからといって、私がその人に怒る理由などない。それと同様、悪人に対して怒る理由もない。

仮に、もしある人がただ単純に悪い性質から悪事をなすとして、それがいったい何だというのだろう。それは、刺したり引っ掻いたりするトゲのようなものであって、ほかにどうしようもないではないか。

『エッセイズ』

V 人とつきあう極意

087

傲慢でも卑屈でもいけない

もし顔つきを自分でコントロールすることに大きな効果があるのなら、話し方そのほか交際に関係する態度や振る舞いをコントロールすることは、さらに大きな効果をもたらすといっていい。

真に模範とすべきだと私に思えるのは、古代ローマの歴史家リウィウスのつぎの発言だ。「傲慢に見えても、卑屈に見えてもいけない。傲慢な人は他人の自由を忘れるし、卑屈な人は自分の自由を忘れる」

つまり、振る舞いの重要なポイントは、他人の自由を侵害することなく、威厳を保つことにあるわけだ。

一方、態度や外面的な振る舞いにあまりにも気をつかいすぎると、気取りとなってしまうだろう。「舞台を実生活にもちこむこと」(キケロ)はよくないことだ。

『学問の進歩』

088

秘密を守る人に秘密は集まる

秘密を守ること。それは告白を聴聞する司祭の美徳である。保証していいが、秘密を守る人こそが、秘密をたくさん聴くのである。誰がいったい、おしゃべりな人に自分の秘密を打ち明けたりするだろうか?

秘密を守れる人だという評判が立つと、おのずから秘密を打ち明ける人が増えることになる。秘密を開示すると、人の心は軽くなるからだ。

人間というものは、自分の心の重荷を下ろしたいのである。これが秘密を守る人のところに秘密が集まる理由だ。

『エッセイズ』

089

礼儀は自然体がいい

礼儀正しさを身につけるには、礼儀を軽蔑しないだけでほとんど十分である。そうすれば、他人の振る舞いを観察することになるだろう。

礼儀正しさを形で表現しようと気張りすぎると、優雅さを失うことになってしまう。だから、自然体で気取らないのがいい。

すべての動作が、まるで韻を踏んでいるかのように、杓子定規に振る舞う者がいる。ささいなことばかりに気をつかいすぎる人が、どうして大きなことを理解できるだろうか。

『エッセイズ』

090

礼儀正しくすれば相手もそうせざるを得なくなる

礼儀作法をまったく用いないのは、他人にもこちらに対して用いないように教えることになる。また、こちらに対する尊敬の念も薄れることになる。とくに、見知らぬ人やフォーマル意識の高い人には、礼儀作法を欠かしてはならない。

だが、礼儀作法について長々と講釈することは、退屈なばかりか、話している人の信頼性と信用を引き下げることになる。

丁重な挨拶のなかには、効果的で印象的な一節を伝えるやり方もあるので、そういうものをうまく見つけることができれば、大いに役に立つことだろう。

『エッセイズ』

091

礼儀正しいばかりでなくてもいい

同輩と一緒にいるときはなれなれしくなりがちだ。だからこそ、少しはけじめをつけたほうがいい。目下の人たちと一緒にいるときは敬意を示されることだろう。だから、少しはなれなれしくしてみたらいい。

どんなことでも、度を過ごすと他人をうんざりさせてしまい、自分を安っぽく見せてしまう。他人の話にあいづちを打って気持ちを合わせるのはよいことだ。ただし、そうするのは敬意からであって、気弱だからではないということを示さなくてはならない。

一般に、他人に賛成する際には、多少は自分の意見を付け加えるのはよい心得だ。たとえば、相手の意見を認めるなら、いくつか相違点も一緒に加えることだ。動議に従うなら、条件付きにすること。忠告を受け入れるなら、さらに先をいく理由も付け加えること。

『エッセイズ』

092

礼儀正しさは評判を高める

よく注意して考えてみれば、賞賛や推薦を受けるということは、商売で利益を得ることとおなじようなものだとわかる。小さな儲けは、ひんぱんにあるが、大きな儲けは、たまにしかない。

ささいなことで大きな賞賛を浴びるのは、それがしょっちゅうあって注目を引くからだ。これに反して、なにか偉大な美徳が示される機会というのは、祭りの日のように、特別な機会しかないといっていい。

だからこそ、礼儀正しくすることは、その人の評判を大いに高めることになる。それはスペインのイサベル女王が言ったように、「永久推薦状のようなもの」なのだ。

『エッセイズ』

093

完璧なお世辞や気配りは逆効果

人をほめる際に注意しなければならないのは、あまりにも完璧なお世辞にならないようにすることだ。というのは、お世辞のうまい人は、たとえその他の点でいかに有能であろうと、嫉妬する者が、かならず不利になるようなケチをつけてくるからだ。

あまりに気配りがすぎるのも、タイミングや機会をあまりに細かく考えすぎるのも、仕事をするうえでは損になる。賢者ソロモン王は、「風を考える者はタネをまかない。雲を見る者は刈り入れない」と言う。チャンスは見つけるより、むしろつくりだすものだ。

自分の振る舞いは、自分が着る服のようであるべきだ。あまりにピッタリだと窮屈だから、自由に身動きできるようにゆったりしているほうがいい。

『エッセイズ』

094

追従にだまされてはいけない

賞賛には誤っている点があまりにも多い。だから賞賛された側が、疑いの目で見るのも当然だ。たんなる追従から生れる賞賛もある。並の追従屋なら、誰にも共通にあてはまるような、ごくありふれた性質を取り上げるだろう。

利口な追従屋なら、最大の追従屋がやるとおりにするだろう。最大の追従屋とは、自分自身のことだ。相手がいちばん自慢している点をつかまえて、これ以上ないほどもちあげるのだ。

だが、厚かましい追従屋なら、こうするはずだ。相手のなかに、その人自身でさえ欠点だと自覚していて、しかも本人がとても恥だと思っている点を見ぬき、その欠点はじつは美点なのだと無理に信じ込ませるのである。

『エッセイズ』

095

賞賛されていい気になってはいけない

好意や敬意から生まれる賞賛もある。儀礼上、国王や高位高官の人びとに、「賞賛しながら教える」という形式である。現在いかなる立場にあるかを賞賛しながら、今後どう振る舞うべきかを教えるわけである。

傷つけようという悪意を秘めた賞賛もある。そんな賞賛を受けた人は、かえって嫉妬と羨望をかきたてられ、被害を受けることになる。「最悪の敵は、褒めそやしてくるやつだ」（タキトゥス）。古代ギリシアにも、「褒め倒される者には、鼻の上に腫れ物ができる」ということわざがあった。われわれが、「ウソつきの舌には水ぶくれができる」と言っているのとおなじである。

ほどほどの賞賛で、タイミングがよくて下品ではないものは、役に立つ。

『エッセイズ』

096

上司を喜ばせる部下には裏があるかもしれない

世の中には、私利私欲ばかりを考えている、自己愛の強い部下がいるものだ。こうした部下が得る利益はかれらの分に応じて小さいが、上司が被る損害は大きなものとなる。ところが不思議なことに、こういう部下ほど、上司から信用を獲得することが多いのだ。なぜなら、かれらは自分の上司を喜ばせて自分の利益をはかることだけに専念するからだ。かれらにとって、この二点のためには、上司の利益など眼中にもないのである。

『エッセイズ』

097

過度の自己愛は身を滅ぼす

わが身のための知恵というものは、どの側面をとってみても卑劣なものだ。

それはネズミの知恵だ。ネズミは、家が倒壊する前にかならず脱出する。

それはキツネの知恵だ。キツネは、自分のために掘ってくれた穴から、アナグマを追い出してしまう。

それはワニの知恵だ。ワニは、獲物をむさぼり喰う前に涙を流してみせる。

だが、特別に注意しなくてはならないのは、自分を並外れて愛する人びとは、不運なことが多いということだ。いつも自分のために犠牲を捧げてきたのに、最後は自分自身が犠牲に捧げられてしまうのである。

『エッセイズ』

098

他人を褒めながら自分も褒める

自分褒めをしても、聞き苦しくないケースが一つだけある。

それは、自分の長所が他人にもあると認めて、その長所を褒めることだ。そうすれば、他人を褒めながら、自分も褒めたことになる。

他人にとって差し障りのある話は、できるだけ避けたほうがいい。というのは、談話というものは、誰にも触れずに歩き回れる、広々とした野原のようなものであるべきだからだ。

『エッセイズ』

099

便宜のために身を屈するのは悪いことではない

古代ギリシアの哲学者アリスティッポスには、シラクサの僭主ディオニュシオスに個人的に請願したいことがあったが、まったく耳を貸してもらえない。そこで、足もとにひざまずくと、僭主は立ち止まって、哲学者の願いを聞き入れたのである。

ある人が哲学の品位を侮辱する行為だとアリスティッポスを非難したところ、こういう言葉が返ってきた。

「私が悪いのではない。僭主の耳が足についているのが悪いのだ」

このように、必要のためとか便宜を図ってもらうためにお願いしたり、身を屈したりすることは許されないことではない。外面的にはやや卑屈に見えるかもしれないが、状況に従ったのであって、人物に従ったのではないからだ。

『学問の進歩』

100

ウソからマコトが生まれることもある

「食い違うウソには、大きな効果がある」と古代ローマの歴史家リウィウスが書いている。たとえば、二人の君主のあいだに立って、その二人の君主を、ともに第三者に対する戦争に引き込もうと交渉する人がいるとしよう。この交渉人は、その双方に対して、一方の軍隊が他方の軍隊にまさっていると、実際以上に誇張して聞かせる。双方のうぬぼれを利用するわけだ。

また、人と人のあいだで仲介する者が、その双方に対して、自分には実際以上の影響力があるように見せかけて、信用を高めることがときおりある。

このようなウソによって、無から有が生じることがしばしばある。ウソは評判を生むのに十分で、その評判が実体をもたらすのである。

『エッセイズ』

101

復讐しないのは真の勝利

復讐は、ある種の野蛮な裁判だ。人間の本性がそちらに走りがちであればあるほど、法律によって根こそぎにしなくてはならない。というのは、最初の悪事は法律を破るにすぎないが、その悪事に対する復讐は、法律を無用のものにしてしまうからだ。

復讐を実行する人は、その敵と同等になってしまう。だが、復讐を実行しないでやり過ごせば、その人は敵よりも優位に立つことになる。敵を赦すのは、王侯の役割だからだ。賢者ソロモン王は、たしかにこう言っている。「罪を見逃すのは、人の栄光だ」と。

すでに過ぎ去った過去は、呼び戻すことはできない。賢者には、現在と未来にやらねばならぬことが多い。過去の出来事にわずらわされて自分を浪費してはならない。

『エッセイズ』

102

復讐を考え続ける人生は不幸だ

これは確かなことだが、心のなかで復讐を考えている者は、ふつうなら癒えているはずの傷を、生傷のままにしているのである。

公的な復讐は、たいていの場合、幸運をもたらしている。たとえば、古代ローマ時代のカエサルの死に対する復讐がそれにあたる。このほか実例はたくさんある。

だが、私的な復讐は、幸運な結果をもたらさない。いや、それどころか、執念深く復讐を考え続ける人は、不幸な生涯を送ることになる。

『エッセイズ』

103

真の友人をもたないのは惨めな孤独だ

孤独がどんなものか、そしてどこまでそれが及ぶのか、人はほとんど気がついていない。顔を並べただけでは絵画を展示したギャラリーにすぎず、愛のないところでは会話はシンバルを鳴らしたようなものでしかない。

「大きな都、大きな孤独」というラテン語の格言がある。大都市では、友人たちはバラバラに住んでいるので、近所づきあいで生じる親しい関係が生まれてこない。

真の友人をもたないのは、まったく惨めな孤独だと断言していい。この世は荒野にすぎない。性質や感情が友情に適していない者は、その性質を野獣から受け継いでおり、人間からは受け継いでいないといえる。

『エッセイズ』

104
真の友人には心をさらけ出せる

友情の主要な効果は、心に充満した鬱憤をやわらげて吐き出すことである。よく知られているように、閉塞や窒息は、人体でもっとも危険な症状である。心の場合も、大きな違いはない。

心の閉塞状態を解消するには、真の友人のほかにどんな処方箋もない。悲しみも、喜びも、怖れも、望みも、疑いも、忠告も、心にのしかかって圧迫するすべてのものを、真の友人にはさらけ出すことができるからだ。

『エッセイズ』

105
心をさらけ出せる友人がいないと不幸になる

15世紀フランスの年代記作者フィリップ・ド・コミーヌが、最初に主君として仕えたシャルル勇猛公（ブルゴーニュ公）について書き残していることを忘れてはならない。「公は、自分の秘密を誰にも語ろうとしなかった。とくに、自分をもっとも悩ませる秘密についてそうであった」。さらに続けて、「晩年にいたっては、この秘密主義が公の理解力を損なった」と書いている。

古代ギリシアの哲学者ピュタゴラスがもちだす格言は、意味がわかりにくいが真実を衝いている。それは、「心を食べるな」というものだ。心をさらけ出す友人をもたない者は、自分の心を食べることになる。

『エッセイズ』

106

友人に話せば喜びは二倍に、悲しみは半分になる

友情がもつ効果には、驚嘆すべきことが二つある。

一つは、友人に自分自身の感情を伝えると、相反する二つの効果がもたらされるということだ。喜びは二倍に、悲しみは半分になる。喜びを友人に伝えて、その喜びをさらに大きなものにしたいと思わない者はいない。悲しみを友人に伝えて、その悲しみを小さくしたいと思わない者はいない。

友情がもたらす第二の効果は、第一の効果が感情面でそうであったように、知力の面でもすばらしいものだということだ。友情は、感情面においては暴風雨を青天に変えるが、知力の面では思想の闇と混乱を白昼に変えるのである。


『エッセイズ』

107

友人の遠慮ない忠告ほどありがたいものはない

知力を向上させるのが、友情の第二の効果であるが、これを完璧にするのに必要なのは、友人が心底から思ってしてくれる忠告である。

古代ギリシアの哲学者ヘラクレイトスは、「乾いた光が最上だ」という謎めいたことばでうまく表現している。他人の忠告から受ける光が、自分の理解力や判断力から発する光よりも、乾いていて純粋なのはたしかなことだ。自分の知力から発する光は、自分の感情や習慣にどっぷり浸かって濡れている。

だから、友人がしてくれる忠告と、自分が自分にする忠告とのあいだには、大きな違いがある。それは忠告と追従との違いでもある。というのは、自分ほど自分に媚びる者はいないからだ。遠慮なく直言してくれる友人の忠告にまさるものはない。

『エッセイズ』

108

友人の忠告がもっともすぐれた処方箋

忠告には二種類ある。道徳にかんするものと、仕事にかんするものだ。

道徳にかんする忠告についていえば、心を健全に保つ予防薬は、友人が心底からしてくれる忠告だ。

自分自身を厳しく点検するのは薬にはなるが、ときとしてギリギリと突き刺すような痛みと、じわじわ溶かすような痛みをともなう。

道徳にかんする良書を読むのは、ちょっと退屈だ。自分の欠点を他人に見出しても、自分にはあてはめないことも多い。

だから、もっともすぐれた処方箋は（効能の点でも、服用の点でも）友人がしてくれる忠告である。

『エッセイズ』

109

友人は自分以上の存在だ

友情のもつ多面的な効用をいきいきと思い描く最上の方法。それは、自分だけではできないことがいかに多いか、数えあげてみることである。そうすれば、古代ギリシア人の「友人はもう一人の自分」という格言は、控えめな表現であることが明らかになるだろう。友人は、はるかに自分以上の存在だからだ。

どんな人でも肉体は一つしかないので、同時に二つ以上の場所に存在するのは不可能だ。だが、友情がある場合は、人生のすべての役目は、自分とその友人に委ねられることになる。友人の助けを借りて役目を果たすことになるからだ。こうして人生も二人分生きることができるのだ。

『エッセイズ』

110

友人はいつでも対等の相手だ

どんな顔をしてみせても、どんなに行儀正しく振る舞ってみせても、自分自身では口にしたり、やってみたりできないことが、世の中にはなんと多いことか。控えめになることなく自分の功績を主張したり、ましてや賞賛することなど、ほとんどできるものではない。だが、こうしたことはすべて、自分の口から出たら赤面ものだが、友人の口から出たら優雅である。

さらにまた、人間には特有の関係性というものがあって、無視することができないものだ。息子には父として、妻には夫としてしか、話しかけることができない。ところが、友人にはそのときの状況に応じて対等に話すことができるし、その際にも相手の役柄のことを考える必要もない。

『エッセイズ』

III

恋して賢くなるのは不可能

どれほどうぬぼれが強くても、恋する人がその恋人を自慢するほど、とんでもなく自分を褒められる人がいたためしはない。「恋して賢くなるのは不可能」とは、じつにうまく言ったものだ。

この弱みは、他人にだけ見えるというわけではない。恋する相手から見透かされないというわけでもない。とりわけ相手からはよく見えるのだ。ただし、片思いではなく相思相愛のときは例外だ。というのは、お互いに報われることになるか、あるいは内心でひそかに軽蔑されるか、そのいずれでしかないのが、つねに恋愛のルールだからだ。

だからこそ、なおさら、恋愛というこの情念に気をつけなくてはならない。恋愛以外のものを失ってしまうだけでなく、自分自身も失いかねないからだ。

『エッセイズ』

112

恋愛と仕事は切り離せ

恋愛感情を重視しすぎる者は誰でも、財産も知恵も捨て去ってしまうものだ。

この感情は、まさに弱みのあるときに、洪水のようにあふれ出てくる。弱みが現れるのは、順境のときだけでない。あまり注目されてこなかったが、逆境のときでも、とてつもなく大きなものとなったとき現れてくる。順境でも逆境でも、恋に火がつくと燃え上がり、「愚かな子ども」状態をさらけだしてしまう。

恋愛状態にあることを認めざるを得ないとしても、自分の陣地を守り、人生にとってきわめて重要な仕事や行動から、恋愛を完全に切り離すのがベストである。というのも、いったん恋愛が仕事と衝突するようなことがあると、運勢に乱れが生じるだけでなく、本来の目的には忠実になれなくなってしまうからだ。

『エッセイズ』

113

恋愛は人類愛に拡がる

人間の本性には、他者を愛したいという秘められた傾向と動きがある。その愛が、誰か一人か、あるいは少数の者に向けられるのでなければ、おのずから多数の者に拡がっていくことになり、人びとを慈悲深く寛大なものにする。これは、ときおり修道士たちに見られるものだ。

結婚愛は、人類をつくる。友愛は、人類を完成させる。だが、淫らな愛は、人類を腐敗させ、堕落させる。

『エッセイズ』

114
子どもは親の苦労をやわらげる

親にとって、喜びは秘められたものだ。
悲しみや恐れもまた、秘められたものだ。
喜びは、口に出すことができない。
悲しみや恐れもまた、口には出したがらない。
子どもは、苦労の味をやわらげて甘くする。
だが、不幸の味をいっそう苦いものにする。
子どもは、人生の心配事を増やす。
だが、死に対する思いをやわらげる。

『エッセイズ』

115

親にとって子どもと事業は同じもの

生殖によって命をつないでいくことは、人間を含めた動物全般に共通している。だが、記憶や功績、また高貴な事業といったものは、人間に固有のものだ。

そしてまた、もっとも高貴な事業や財団が、子どもをもたない人びとから始まったことは、明らかなことであろう。肉体は遺せなかったが、精神をかたみとして遺すことができたわけである。このように、後世に生きる人への気遣いは、子孫をもたない人びとに多く見られる。

一家を興した最初の人たちは、自分の子どもたちには大甘だ。子どもたちのことを、自分の血筋だけでなく、自分の事業の後継者とみなすからだ。子どもも事業も、自分がつくりあげたものである以上、いずれもおなじものなのである。

『エッセイズ』

116

子どもの小遣いは出し渋るな

親が子どもに与える金銭を出し渋るのは、有害な誤りだ。子どもを卑屈にさせるだけでなく、ごまかすことを覚えさせ、卑しい仲間とつきあわせ、自分が裕福になると贅沢三昧にふけらせるようにしてしまうからだ。

だからこそ、いちばんよい結果が生まれるのは、親は子どもに対して権威を示しながらも、財布のひもは締めすぎないことである。

きょうだいのあいだに競争を持ち込む子育てを行うのは愚かなことだ。その結果、子どもたちが大人になったときに不和を招くことになり、家族の平和を乱すことがじつに多い。


『エッセイズ』

VI

うまく立ち回る極意

117

相手の顔を読む

目の前で話している相手の顔を、目をこらしてよく見ることだ。というのは、賢い人でも、心のなかの秘密が顔に現れてしまう人が多いからだ。とはいえ、その際には、目を伏せて、へりくだってみせることも必要だ。

『エッセイズ』

118

関係のない話題を持ち出す

何かすぐにでも片付けたい案件があるときは、それとは直接関係のない別件をもちだして、相手を喜ばせて面白がらせるのがいい。というのは、身構えることなく油断している状態では、反対意見などだしてくることはないからだ。

先代のエリザベス女王の時代のことだが、自分もよく知っていた顧問官で大臣を兼ねていた人［*］もそのテクニックをつかっていた。議案にサインしてもらう必要がある際には、女王には国事にかんする別の話をもちかけ、議案内容にはあまり注意を向けさせないようにしていたものだ。

『エッセイズ』

＊　英国のスパイマスターの元祖とされるセシル・ウォルシンガム卿のことらしい。若き日のベーコンは、この人の下で兄アンソニーとともに働き、フランスで情報活動に従事していた。この間にベーコンは二進法による暗号を考案している。

119

重要なことほど付け足しのように見せる

私の知人に、手紙を書くときには、もっとも重要なことを、まるで付け足しのような形で追伸に書き記す人がいた。

もう一人の知人は、スピーチをする際にもっとも話したいことは飛ばして先に進み、また話を戻して、うっかり忘れていたかのようなふりをしていた。

『エッセイズ』

120

不意打ちをかける

いきなり想定外の質問をすると驚かれることが多く、そんなときには、質問された人は思わず本音を吐いてしまうものだ。

＊＊＊

相手が急いでいてじっくり考えるヒマがないときに、不意打ちで案件を持ち出すという手もある。

＊＊＊

自分の思いのままにしようと思っている相手から、不意打ちを受けたように仕向ける人もいる。本当は自分から言い出したいことを、逆に相手から尋ねられたようにするため、自分の手に手紙を握っていたり、なにかいつもとは違うことをしているのを見られるようにするのである。

『エッセイズ』

121

同調しているふりをする

誰かほかの人が提案したらうまくいきそうに思われる仕事を阻止したいときは、自分もその提案が成功することを願っているようなふりをして、わざと失敗するような下手なやり方で提案することだ。

『エッセイズ』

122

話すのを途中でやめる

言い出したことを、思いとどまったかのようなふりをして途中で打ち切ると、かえってその先をもっと知りたいという相手の欲望をかきたてることになる。

『エッセイズ』

123

相手に質問させる

こちらから言い出すのではなく、相手に引き出させるとうまくいく。だから、いつもとは違う顔つきや表情をしてみせて、相手が質問してくるように仕向けてみるのもいいだろう。「いつもと違うけど、なにかあったのか?」と尋ねさせる、撒き餌《まえ》のような働きをするからだ。

『エッセイズ』

124

自分を関係ないと見せかける

自分が関係者の一人だと思われたくない場合、「世の中ではこう言われている」とか「こんな話も拡がっている」とか言って、「世の中」という名前を借りてくるのもポイントである。

＊＊＊

事前にウワサ話や物語を大量に仕込んであるので、なにかあてこすりたいことがあったときは、いつでもウワサ話にくるんでしゃべることのできる人がいる。こうすれば、しゃべっている本人を守るだけでなく、その話を聞いた人たちが喜んで拡散してくれることになるわけだ。

『エッセイズ』

125

自分のセリフを他人のセリフにしてしまう

他人に口に出してほしいと思うフレーズを、自分のほうから言い出し、実際に他人がそのフレーズをつかうと、それを逆手にとって利用するという手がある。

先代のエリザベス女王の時代、大臣の座をめぐってライバル関係にあった二人のあいだで起こった実話である。「衰退期にある君主国では、大臣になるのは考えものだな」とAがＢも雑談中に漏らしたら、Ｂも大いに賛同して、その話を友人たちに語ったところ、ＡがＢから聞いたことにして、そっくりそのまま女王にご注進したそうだ。

「衰退期にある君主国」というフレーズをたいへん不快に感じた女王は、その後はＢからのお願いには耳を貸そうともされなかったのだ。

『エッセイズ』

126

肝心な話を最後までとっておく

不思議なことだが、なにか言いたいことがあるのに、ずいぶん遠回りして、肝心な話をするまで直接関係ない話をたくさんする人たちがいる。大いに忍耐力を要することだが、これも実は大いに役に立つものである。

『エッセイズ』

VII リーダーの極意

127

リーダーはみずから計画しチャンスを活かす

古代ギリシア・アテナイの愛国者デモステネスは、「将軍が軍隊を率いるように、賢者たちはものごとを引っ張っていかねばならぬ。賢者は、自分がそうしたいことを引き起こすべきであって、ものごとのあとについていくだけではダメだ」と主張した。

よく観察すれば、仕事を処理するには、異なる二種類のタイプの人間が必要なことがわかるはずだ。一方は、適切かつ手際よくチャンスを活かせるが、みずから計画を練ることがほとんどない人。もう一方は、自分で計画を練ったり推進することはできるが、状況に順応したりチャンスを活かしたりできない人。

いずれのタイプも、他方を欠いていては、能力として不完全なのである。

『学問の進歩』

128

一人の人間を重用しない

どんな人でも、最初からあまり重用しないのが、思慮分別に富んだことだ。なぜなら、のちのちまで重用しつづけることなど、できるわけがないからだ。

いわゆる「一人の人間の言いなり」という状態は、安全ではない。それは性格の弱さを示すものであり、スキャンダルや悪評を自由にはびこらせることになるからだ。

とはいっても、多くの人に影響されることは、さらに悪い。というのは、いま聞いたばかりの話に振り回され、変更ばかりするようになってしまうからだ。

『エッセイズ』

129

アドバイスは喜んで受け入れる

職務の遂行にあたっては、援助やアドバイスをよろこんで受け入れるべきだ。情報をもたらしてくれる人たちを、お節介だとして追い払ったりするようなことはしてはならない。こころよく迎えるべきだ。

『エッセイズ』

130

アドバイスに耳を傾けよ

人と人とのあいだでもっとも大きな信頼とは、アドバイスを与える信頼である。それだけアドバイザーは、信義と誠実を守らなくてはならない。

アドバイスをあてにすることが、自分の偉大さを減少することになるとか、威信を傷つけることになるとか考える必要はない。賢者ソロモン王が明言しているように、「アドバイスのなかに安定」がある。

『エッセイズ』

131

大胆な人物は指揮官には向かない

よく考えてみる必要があるのだが、大胆さはつねに盲目的である。大胆さには、危険も不便さも目に入ってこない。だからこそ、アドバイス役には不向きだが、実行役には向いている。

大胆な人物のただしい使い方は、けっして指揮官として使ってはいけないということだ。ナンバー2の副官として誰かの下につけることである。というのは、アドバイス段階では、危険が目に入ってきたほうがいいが、実行の段階では危険は目に入ってこないほうがいいからだ。ただし、危険がきわめて大きな場合は、また別の話である。

『エッセイズ』

賢く見える人より愚直な人を選べ

知恵や能力の点からいえば、なにもない、あるいはほとんどないのに、あるように見せかける人たちがいる。

たとえば、顔つきや身振りの助けを借りて賢く見せる者がいる。またホラを吹いたり、横柄な態度をとって押し通そうとする者もいる。手が届かないものについて軽蔑したり、軽んじたりする者もいる。自分の無知を判断に見せかけようとしているのである。細かなあら探しをして人びとを面白がらせ、問題をはぐらかしてしまう者もいる。

賢そうに見せかける人びとは、あらゆる手段をつかって、評判を得ようとする。だが、そんな人たちを雇わないようにしなければならない。というのは、仕事をさせるには、知識や才能があるように見せびらかす人より、やや鈍く見える人を採用すべきだからだ。

『エッセイズ』

133

若者には新規プロジェクトを任せる

若者は、判断よりも発想に適している。アドバイスよりも実行に適している。既存事業よりも、新規プロジェクトに向いている。というのは、年長者は経験があるから方向を示せるが、新しい事柄では誤るからだ。

若者は、仕事の進め方においては、抱えきれる以上のものをやろうとし、落ち着かせる以上に動かそうとし、手段や段階も考えずに目的に向かって一直線に飛んでいきがちだ。年長者は、あまりにも異議をはさみ、相談が長いわりには冒険せず、あまりにも早く悔やみ、仕事を十分やりとげずに、いい加減な成功で満足してしまう。

『エッセイズ』

134

若者と年長者の組み合わせがよい結果を生む

若者と年長者がいっしょに働くのはよいことだ。というのは、どちらか一方の長所が他方の短所を修正することになるからだ。また、年長者が実行役に回り、若者は学ぶことになるので、将来に向けてもよい結果が得られる。最後に、年長者には権威、若者には好意と人気があるから、対外的な出来事に対処するにも都合がいい。

だが、道徳面では若者がすぐれており、政治面にかんしては年長者のほうがすぐれているだろう。

また、世の中という酒を飲めば飲むほど、人はそれに酔わされるものだ。年をとると、意志や感情面より、理解力の面でむしろ進歩するのである。

『エッセイズ』

135

若者の発想は生き生きとしている

年齢においては若くても、時間をムダにしないでフルに活用しているなら、時間においては老いているといっていいかもしれない。だが、きわめてまれにしかないことだ。

一般的にいって、青年は最初の思案のようなもので、もう一度考え直したときほど賢くはない。というのは、思想においても青年期があるのは、年齢においてとおなじだからだ。

にもかかわらず、若い人たちの発想は、老人たちのものより生き生きとしているし、想像力もまた、若い人たちにはよどみなく流れ込んでくる。

『エッセイズ』

136

組織の混乱の前兆を見極めよ

民を導く羊飼い（シェパード）である支配者は、国家に迫る暴風雨の前兆を知らなくてはならない。それは、上下関係に変化が生じて、ものごとが平等に向かっていくとき最大勢力になる。

暴風雨の前に、どこからともなく吹き付けてくる風、人知れずひそかにうねる海の波。国家にも、そのようなものがある。

国家に対する誹謗中傷や勝手気ままな議論が頻繁かつ公然となされ、同様にフェイクニュースが上に下に駆け巡って国家の不利となるのも、騒動の兆候に数えることができる。

『エッセイズ』

137

恐怖に限度はない

支配者である君主は、民衆のもつ不平不満を、正しいか正しくないかという基準で判断してはならない。というのは、民衆をあまりにも理性的な存在とみなすことになるからだ。民衆は、自分たちの利益を蹴飛ばしてしまうことさえ、しばしばあるのだ。

また、民衆を立ち上がらせる苦痛が、実際に大きいか小さいかという基準で判断してはならない。というのは、恐怖心が、実際に感じているよりも大きなものであるとき、もっとも危険な不満となるからだ。小プリニウスがいうように、「苦痛には限度があるが、恐怖には限度はない」のである。

『エッセイズ』

138

不満はつねにくすぶっている

民衆の不平不満がしばしば噴き出したにもかかわらず、最終的に危険な事態には至らなかったといって、君主も国家も安心してはならない。

というのは、風がすべて嵐になるというわけではないといっても、また嵐は何度も別の方向に行ってしまったといっても、永久に襲ってこないかといえばそんなことはないからだ。

スペインのことわざにあるように、「綱は、最後にちょっと弱く引っ張っただけで切れ」てしまうのである。

『エッセイズ』

139

反乱の求心力となる人物には要注意

不満を抱く人びとが頼りにし、その人のもとに集まってくるようなボスにふさわしい人物が生まれてこないよう、そのような事態を前もって想定して予防することもまた、よく知られている注意事項である。

ボスにふさわしい人物と私が理解しているのは、偉大さと名声をあわせもち、不満をもつ人びとから信頼されて注目の的となり、本人自身も不平不満をもつ人物のことだ。この手の人物は、迅速で確実な方法で国家の側に抱き込んで和解するか、あるいは反対派をけしかけて対決させ、名声を分割させるように仕向けるべきだ。

一般に、国家に敵対するすべての党派や結合は分裂させるか分断させ、たがいに反目させるのは、対策としては悪くない。

『エッセイズ』

不用意な言葉が破滅を招く

私は気づいているのだが、君主がふと漏らした、気の利いた鋭いフレーズが、反乱に火をつけたケースが少なくない。

名君として名高いプロブス帝は、「私が生きている限り、ローマ帝国はもはやこれ以上兵士を必要としないだろう」というフレーズで破滅した。このことばに絶望した兵士たちに暗殺されたのである。このような事例は、カエサルやガルバ帝のものなど多くある。

たしかに、微妙な問題や不安定な時代状況では、君主は自分の言動に気をつかう必要がある。とくに短いフレーズには要注意だ。それはダーツのように飛び出し、隠れた意図から打ち出されたようにみなされるからだ。長い談話の場合はそうでもない。だらだら長くて単調なので、あまり注目されることはないからだ。

『エッセイズ』

VIII

学びの極意

141

哲学や基礎研究があらゆる学問を育てる養分となる

哲学や一般原理の研究など役に立たないと考える者は、あらゆる専門科目がそれによって支えられ養分を補給されていることを、あまりよく考えていないのである。

私は、このことが学問の進歩を妨げている大きな理由の一つだと考えている。なぜなら、これまで基礎的な知識の研究は、おざなりにしか行われてこなかったからだ。

果樹にもっとたくさん実をならせたいと思うなら、幹から伸びている大枝になにか手を加えたところで効果はない。やるべきことは、根っこのまわりの土を掘り起こして、あらたに型枠を入れて樹木を囲み、根もとから刺激を与えることだ。

『学問の進歩』

142

学ぶとは自分の成長を実感すること

学んでいない人は、自分の心を見つめること、つまり自分の責任を問うということが、どういうことなのかわからない。また、古代ギリシアの軍人で著述家のクセノフォンの言う「最高の生活とは、自分が日々よくなっていく喜びを感じること」が、なにを意味しているのかわからない。

自分の長所をフルに発揮して、巧みにつかう方法は身につけるが、長所をさらに伸ばすために学ぶことはしない。

自分の短所を隠して、ごまかす方法は身につけるが、短所を直すために学ぶことはしない。いつも草刈りしているのに、鎌を研ごうとしない、へたくそな草刈り人のようだ。

『学問の進歩』

143

学問は実際に役立つ

学問は、楽しみのため、飾りのため、能力の向上のために役立つ。楽しみとしての学問は、おもに仕事を離れた生活とリタイア後の生活に役に立つ。飾りのための学問は、おもに会話で役に立つ。

能力向上のための学問は、おもに仕事の判断と処理に役立つ。というのは、仕事に熟練した人なら、自分の仕事にかんしては個別に一つひとつ処理し、おそらく判断を下すこともできるだろうが、全般にわたる提言や、業務全体の企画と整理は、学問ある人がもっとも適任であるからだ。

『エッセイズ』

144
学問は心の処方箋

歴史は、人間を賢くする。詩は、人間を多才にする。数学は、頭脳を鋭敏にする。自然哲学[*]は、思考を深くする。道徳哲学は、人間を重厚にする。論理学（ロジック）と修辞学（レトリック）で、議論に強くなる。「学問は人格に移る」（オウィディウス）と言われる通りだ。

いや、それどころか、心のなかの欠陥で、適切な学問によって取り除かれないようなものはない。だから、気が散るようであれば、数学を研究するとよい。証明問題を解く際には、ちょっとでも気が散漫になると、最初からやり直さないといけないからだ。

ものごとをさまざまな観点から検討し、一つの事項を証明し例証するのに、他の事項を持ち出すのが不得意なら、法律家の判例集を研究するといい。このように、心の欠陥には、それぞれに学問の処方箋がある。

『エッセイズ』

＊ 現在の自然科学の前身。19世紀に自然哲学から自然科学が分離した。

145

歴史上の事例は実用性が高い

実務というものは変化にとんでおり多様なものがある。だから、参考にするのにもっとも適した書物は歴史にかんするものである。マキアヴェッリの『君主論』や『ディスコルシ』など、統治のための著作はぴったりだ。

個々の歴史的事例から引き出され、われわれの目の前にあって生き生きとした知識は、ふたたび現在の個々の事例に応用することが可能だ。しかも、実例が主で議論は従となるほうが、その反対の場合よりも実用性はかなり大きい。

『学問の進歩』

146
数学は頭脳を鍛えるのに役立つ

純粋数学がもつすぐれた有用性が、十分に理解されていないのは残念なことだ。数学は、理解力と知的能力の多くの欠陥に対する処方箋になる。理解力が鈍すぎるならシャープにしてくれるし、思考が散漫すぎるなら集中させてくれるし、もし感覚的すぎるなら抽象的思考力を高めてくれるからだ。

テニスは、それじたいは役に立たない遊びだ。だが、ボールを追う鋭い目と、どんなポーズにも対応できる身体をつくるのに、大いに役に立つ。

数学の場合も同様に、先にあげた二次的な効能は非常に価値あるものなのだ。

『学問の進歩』

147
学んだら自分の頭で判断できるようになれ

「学ぶ者は、信じなくてはならない」という心構えはただしい。だが、「学んだあとでは、自分で判断しなくてはならない」という心構えとセットでなくてはならない。

弟子は、完全にマスターするまでは、当面、師のいうことを信じて、自分自身の判断は保留しなくてはならない。だが永遠に師のいうことに身を任せたり束縛されたりするものではないからだ。

『学問の進歩』

148

学問は経験によって完成する

学問に時間をかけすぎるのは、怠慢である。学問を飾りのためにつかいすぎるのは、気取りである。なんでも学問のルールで判断するのは、学者特有のクセである。

学問によって人間の本性は完成し、学問はさらに経験によって完成する。人間の本性は、手の入っていない自然状態の植物のようなもので、学問によって刈り込む必要があるからだ。また、経験によって限定されないと、学問それじたいは、あまりにも漠然とした方向を示すにすぎなくなってしまう。

機転の利いた人は学問を軽蔑し、単純な人は学問に感心し、賢い人は学問を利用する。学問それじたいは、学問をどう使うかは教えてくれないからだ。それは学問を超えた、観察によって得られる知恵である。

『エッセイズ』

149

疑問は焦らず沈思黙考して解決する

疑問が湧いてくると焦ってしまい、急いで断定しようとするのは誤りである。古代の人びとがよく口にしているように、沈思黙考の二つの道は、行動の二つの道とよく似ているからだ。

一本目の道は、歩き始めた最初は平らでスムーズだが、最後には通れなくなってしまう。もう一本の道は、入り口はでこぼこでトラブルつづきだが、しばらくすると平らでよい道となる。

沈思黙考もまた、そのとおりなのである。確信をもって始めると、最後は疑問で終わることになるだろう。だが、疑問から始めることに満足するなら、最後には確信に至ることになるだろう。

『学問の進歩』

150

学びにはスキマ時間を活用する

学問は、あまりにも多くの時間をくいすぎるという批判がある。それに対してわたしはこう答えたい。

どれほど行動的で多忙な人であっても、仕事が超多忙になるときとそうでないときがあって、そのあいだにはスキマ時間がたくさんあるはずだ（ただし、ダラダラしていて仕事が遅い人や、他人がやったほうがうまくいくのに、軽率に自分でやってしまう人などは例外である）。

問題は、そういったスキマ時間をどう過ごすかにある。快楽で過ごすか、あるいは研究して過ごすかの違いだ。学問が仕事を追いやるなどと疑問に思う必要はまったくない。むしろ、精神が怠惰になったり快楽にふけったりすることから守ってくれるのである。そうでなければ、気がつかないうちに怠惰と快楽が忍び込んできて、学問も仕事の両方とも損なってしまうことになるだろう。

『学問の進歩』

151

最良のアドバイザーは本だ

「最良のアドバイザーは死者である」というフレーズは、15世紀スペインの王アルフォンソ5世のものらしいが、その通りというべきだろう。

ここでいう「死者」とは本のことだ。本は、人間なら忖度して口に出さないようなことも、率直に語ってくれることだろう。だからこそ、本には日常から親しむべきなのだ。

とくに、みずから政治の舞台に立って責任ある役を演じた役者によるものであれば、なおさらよい。

『エッセイズ』

152 本の読み方は必要度に応じて変えるべきだ

内容に反論したり論破したりするための読書はしないこと。とはいえ、そのまま信じて鵜呑みにしたり話のネタにしたりするための読書もしてはいけない。

ちょっと味見するために読む本もあり、内容を全部食べるために読む本もある。だが、よく嚙んで消化すべき本は少ししかない。つまり、一部だけ読めばいい本もあり、通読しても詳細に内容を吟味する必要のない本もあるが、集中して注意深く全部読むべき本は、少ししかないということだ。

自分の代わりに誰かに読んでもらったり、抜粋をつくってもらったりしていい本も、ないことはない。だが、その手のものは重要性が低かったり、内容がつまらない本に限るべきだ。抜粋は蒸留水のようなもので、読んでいても味わいがない。

『エッセイズ』

153

読書ノートをつける

知識を記録し、その編集をしたい際には、読書ノートのようなものをつけてテーマごとに手際よく整理するのがよい。もちろん、読書ノートをつけることの弊害は、よく理解しているつもりだ。よく言われるように、読書スピードが落ちて、記憶力が鈍ってしまうということである。

だが、考えが深くて充実した人物は別にして、読書ノートの活用は、研究においてきわめて有用で重要だと私は考えている。読書ノートは必要なときに情報を引き出せるだけでなく、その発見がただしい知識であるかどうか判断する際に、材料を提供してくれる強力なツールとなるからだ。

『学問の進歩』

154

読書によって充実した人になる

読書によって、充実した人になる。

会話によって、機転の利いた人になる。

書くことで、正確な人になる。

そんな習慣のない人には必要になってくることがある。

ほとんど書かない人は、強い記憶力をもつ必要がある。

ほとんど会話しない人は、当意即妙の才能が必要となる。

ほとんど読まない人は、知らないことを知っているかのように見せるための、要領の良さを身につける必要がある。


『エッセイズ』

155

科学はリレーされて発展する

人間に火をもたらしたのはギリシア神話のプロメテウスだが、このプロメテウスにちなんだ「たいまつリレー競走」の寓話が意味するものが重要だ。火の発見と、この競技が開催される場所を祝して行われるものだが、この寓話は技術と科学に対応しているのである。「たいまつリレー競走」には、きわめて賢明な忠告もある。科学の完成は、誰か一人の機敏さや能力にではなく、継続に期待されているというものだ。というのは、もっとも速くもっとも強い者は、たいまつの火を消さずに燃やし続けるには、おそらく最適ではない。走るのが速すぎても遅すぎても、火が消えてしまう危険があるからだ。

『古代人の知恵』

156

科学は怪物だ

ギリシア神話のスフィンクスは、多様な姿形をもつ怪物であった。顔と声は乙女、翼は鳥、鋭いかぎ爪は伝説の怪鳥グリフィン。謎かけでテーバイの住民を苦しめていた。

この優雅で教訓的な寓話は、科学について語っているとも考えられる。科学は怪物(モンスター)だといわれるからだ。科学は、無知で熟練していない人たちから、不思議なものを見るように見つめられ、礼賛される。

その姿形が多様なのは、科学が扱う対象もまた、きわめて多様だからだ。顔と声が女性なのは、科学とその発見が、華やかさとおしゃべりに対応するから。翼があるのは、一瞬のうちに走って飛んでいくから。鋭いかぎ爪は、科学の原理や論点が、精神の内部に入り込んでしっかりつかみ、動くことも逃れることもできないことを意味する。

『古代人の知恵』

157

技術には正負の二面性がある

古代ギリシア人は、天才的だが呪うべきダイダロスという男を、機械技術者の勤勉さ、好奇心をそそる技術をゆがんで利用した人物として描き出した。

クレタ王の不興を買って、息子のイカロスとともに自分が発明した迷宮に幽閉されることになったが、この寓話はよくできている。というのは、巧妙で正確な機械は迷宮のようなものだからだ。機械というものは、内部の機構が精巧で複雑に絡み合ったものだが、外から中は見えない。見た目は似たような機械であっても、実際に動かしてみないと違いが区別できないのである。

迷宮を発明した当のダイダロス本人が、幽閉されていたクレタ王の娘アリアドネに、脱出の手引きとなる糸を与えたことも示唆的だ。というのも、機械技術の用途には正負の二面性があるからだ。機械技術は害悪と破壊を防ぐだけでなく、それじたいが害悪をつくりだし破壊をもたらすものでもある。

『古代人の知恵』

158

旅行は教育だ

旅行は、若い人たちにとっては教育そのものであるが、年長者にとっては経験そのものである。その国のことばの初歩も知らぬうちにある国に旅行する人は、学校に行くようなものだ。

『エッセイズ』

159

旅では日記をつけよ

奇妙なことがある。空と海のほかなにも見えないのに、海の旅では航海日誌をつけなくてはならない。だが、観察すべき物事がたくさんある陸の旅では、たいていの場合、日記をつけるのを省略してしまう。

まるで、観察すべきものごとより、偶然のものごとのほうが記録に値するかのようだ。日記は利用すべきである。

『エッセイズ』

160

革新は模倣よりも価値がある

生まれたての生き物がどれもみな不格好であるように、時が生み出す革新（イノベーション）もまた、おなじように最初は不格好なものである。にもかかわらず、家族に最初の名誉をもたらす人びとが、その後継者たちより価値ある存在であるように、最初の先例は（それがよいものであれば）そのあと模倣されて生まれるものより価値がある。

『エッセイズ』

161

時間は静止しないから革新が必要になる

慣習として定着してきたものは、たとえそれがよいものではなくても、少なくとも適切なものではある。長い時間をともにしてきたものは、いわば同盟を組んでいるようなものだからだ。

ところが、あとから新たに付け加えられるものは、そうはいかない。それじたいが役に立つものであっても、不適合をおこすからだ。

こうしたことは、時間が静止しているならすべて正しい。ところが時間は止まることなく前に動いていくから、かたくなに慣習を守ることは、革新のように騒ぎを起こすもととなる。古い時代を尊重しすぎることは、あたらしい時代には軽蔑の対象となる。

『エッセイズ』

162

革新は静かにゆっくりと進む

革新を行う者は、「時間」がもつ性質にしたがったほうがいい。革新というものは偉大なものだ。だが、それは、ほとんど気づかれないほど静かに、そしてゆっくりと進んでいく。そうでなければ、新しいものは望まれなくなるからだ。

また、なにかを直すと、なにかが損なわれる。それによって得した人は幸運だと思い、時間に感謝する。害を受けた人は、それを不正と思い、考え出した人のせいにする。

そして最後に、新奇なことは拒絶されないにしても、疑いの目で見られる。聖書にあるように、「古き道に立って、自分のまわりを見回し、まっすぐでただしい道を知る。そしてその道を歩いていく」ことだ。

『エッセイズ』

ベーコン年譜　SIR FRANCIS BACON 1561–1626

前半生（出生から36歳まで）◆エリザベス女王の時代

1561	1月22日、国璽尚書ニコラス・ベーコンの末子としてロンドン郊外で生まれる
1573	13歳でケンブリッジ大学トリニティ・カレッジに入学（2年後に中退）。在学中に旧態依然としたアリストテレス哲学に反発
1576	グレイズ・イン法学院に入学。駐仏大使に随行してフランスに渡り、宗教戦争後の激動期フランス各地を移動（3年間）
1579	父親の急死により帰国。父親の庇護を失い、政治家としてのキャリア構築に苦労することになる
1581	庶民院（＝下院）議員にはじめて選出される。以後1618年に貴族院（＝上院）議員になるまで各地の選挙区から議員に選出
1582	グレイズ・イン法学院より下級弁護士（アッター・バリスター）の資格を授与
1588	「アルマダの海戦」で「スペイン無敵艦隊」が撃滅される
1593	下院での演説が原因でエリザベス女王の不興を買い接見禁止となる
1597	『エッセイズ』第一版を出版。女王の特別顧問官に正式任命

後半生（42歳から65歳まで）　◆ジェームズ1世の時代

1603　3月にエリザベス女王崩御。7月にジェームズ1世即位（スコットランド国王ジェームズ6世と兼任）。ジェームズ1世の学識顧問官となり、ナイトの称号を受ける

1605　「火薬陰謀事件」（未遂に終わった大規模爆破テロ）。ベーコンも難を逃れる。「学問の現在地」を記した『学問の進歩』を国王に献呈

1606　アリス・バーナムと結婚。ただし子どもをもつことはなかった

1613　法務長官に任命。1616年、枢密顧問官に任命。その翌年には国璽尚書に任命。イングランドの日本貿易が始まる（ただし、10年後に日本市場から撤退）

1618　大法官（ロード・チャンセラー）に任命、ヴェルラム男爵となる

1620　哲学上の主要著作『ノーヴム・オルガヌム』（新オルガノン）を公刊

1621　セント・オルバンス子爵に叙される。「60歳の誕生日」祝いの1ヶ月後、収賄容疑で糾弾され失脚、ロンドン塔に投獄される（ただし4日間）。公職追放により政界からの引退を余儀なくされ、晩年の5年間は学術著作に専念

1624　科学と技術にかんする構想を記した『ニュー・アトランティス』を執筆。未完となったこのユートピア小説は、ベーコン死後の1627年に出版

1625　『エッセイズ』第三版（最終版）を出版。3月にジェームズ1世崩御、息子のチャールズ1世即位

1626　鶏肉の冷凍保存実験中に悪寒を発し、4月9日気管支炎で死去（65歳）

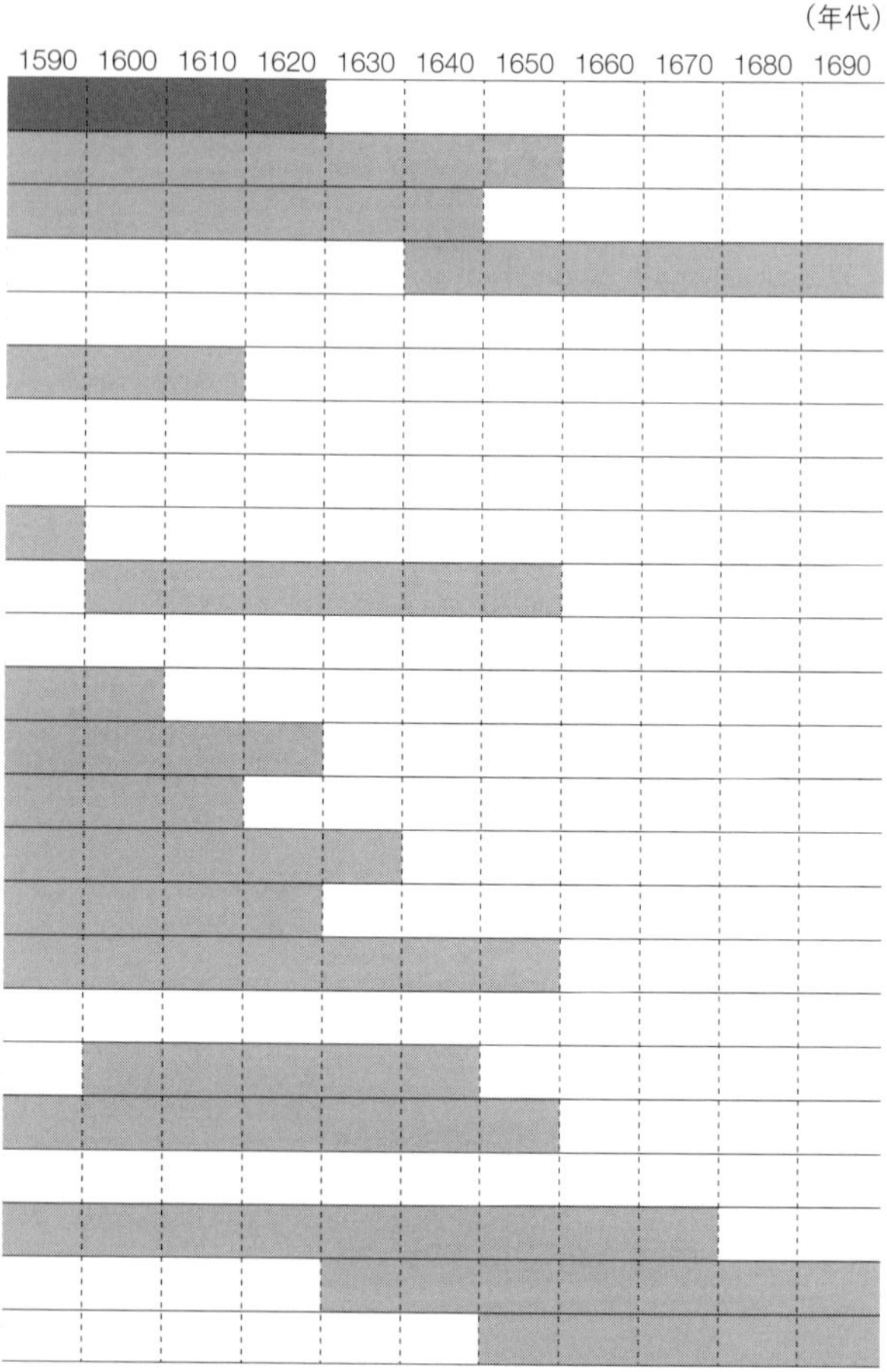
（年代）
1590 1600 1610 1620 1630 1640 1650 1660 1670 1680 1690

ベーコンと同時代の人物たち

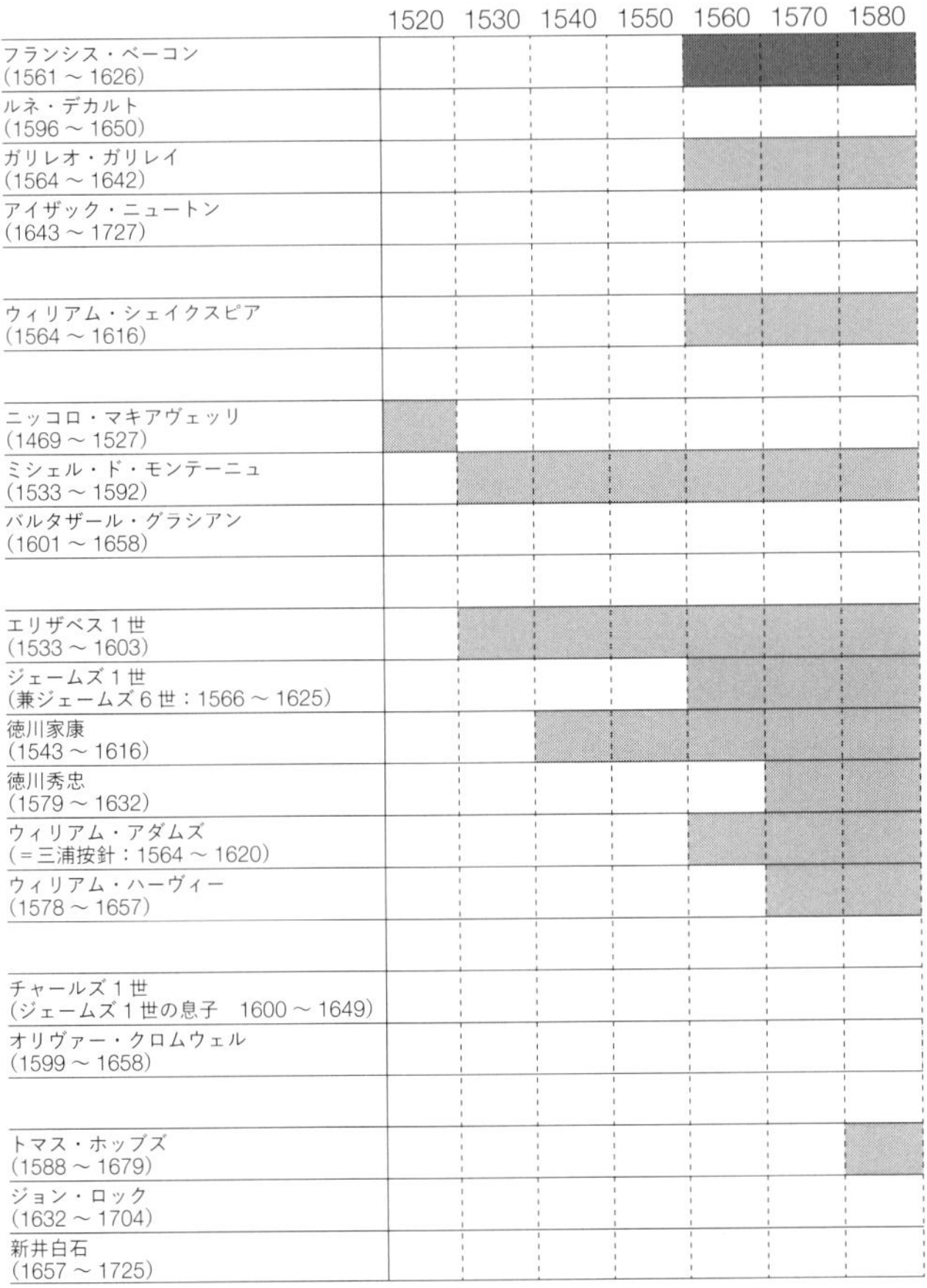

1520 1530 1540 1550 1560 1570 1580
フランシス・ベーコン (1561 ～ 1626)
ルネ・デカルト (1596 ～ 1650)
ガリレオ・ガリレイ (1564 ～ 1642)
アイザック・ニュートン (1643 ～ 1727)
ウィリアム・シェイクスピア (1564 ～ 1616)
ニッコロ・マキアヴェッリ (1469 ～ 1527)
ミシェル・ド・モンテーニュ (1533 ～ 1592)
バルタザール・グラシアン (1601 ～ 1658)
エリザベス1世 (1533 ～ 1603)
ジェームズ1世 (兼ジェームズ6世：1566 ～ 1625)
徳川家康 (1543 ～ 1616)
徳川秀忠 (1579 ～ 1632)
ウィリアム・アダムズ (＝三浦按針：1564 ～ 1620)
ウィリアム・ハーヴィー (1578 ～ 1657)
チャールズ1世 (ジェームズ1世の息子 1600 ～ 1649)
オリヴァー・クロムウェル (1599 ～ 1658)
トマス・ホッブズ (1588 ～ 1679)
ジョン・ロック (1632 ～ 1704)
新井白石 (1657 ～ 1725)

主要参考文献

ベーコン自身の著作と注釈書

『THE ESSAYS by Francis Bacon（研究社英米文學叢書7）』（成田成寿＝註釈、研究社、1948）

The Advancement of Learning Book I・Book II by Francis Bacon with Notes by F.G. Selby, Macmillan, London, 1898（＊Reprint 2012）

Novum Organum, The Wisdom of Ancients 等についてはkindle版、ネット上に公開されている原文（英語・ラテン語）を参照

ベーコンの著作の日本語訳（発行年順）

●『エッセイズ』（＝正確には『政治道徳論集』）

『ベーコン論説集』（高橋五郎訳、玄黄社、1908）

『ベーコン随筆集』（神吉三郎訳、岩波文庫、1935）

『ベーコン随想集』（渡辺義雄訳、岩波文庫、1983）

『ベーコン随筆集（中公クラシックス）』（成田成寿訳、中央公論新社、2014）

●その他の著作

『世界の名著20 ベーコン』（福原麟太郎＝責任編集、成田成寿訳、中央公論社、1970）

『世界の大思想6 ベーコン』（服部英次郎他訳、河出書房新社、1971）

『学問の進歩』（服部英次郎／多田英次訳、岩波文庫、１９７４）
『ノヴム・オルガヌム（新機関）』（桂寿一訳、岩波文庫、１９７８）

ベーコン関連書籍（発行年順）

『研究社英米文學評伝叢書5　ベイコン』（石川林四郎、研究社、１９３６　＊復刻版１９８０）
『魔術から科学へ　近代思想の成立と科学的認識の形成』（パオロ・ロッシ、前田達郎訳、サイマル出版会、１９７０）
『ベーコン（人と思想43）』（石井栄一、清水書院、１９７７）
『名士小伝』（オーブリー、橋口稔／小池銈訳、冨山房百科文庫、１９７９）
『ベーコン（人類の知的遺産30）』（坂本賢三、講談社、１９８１）
『ベイコン（思想学説全書）』（花田圭介、勁草書房、１９８２）
『カメレオン精神の誕生　徳の政治からマキアヴェリズムへ』（塚田富治、平凡社、１９９１）
『フランシス・ベイコン研究（イギリス思想研究叢書２）』（花田圭介＝責任編集、御茶の水書房、１９９３）
『ベイコン（イギリス思想叢書２）』（塚田富治、研究社出版、１９９６）
『近代イギリス政治家列伝　かれらは我らの同時代人』（塚田富治、みすず書房、２００１）
『顧問官の政治学　フランシス・ベイコンとルネサンス期イングランド』（木村俊道、木鐸社、２００３）
『Knowledge Is Power: How Magic, the Government and an Apocalyptic Vision Helped Francis Bacon to Create Modern Science』（John Henry, Icon Books, 2018）

以上

購入特典

「英語圏でよく引用されるベーコンの名言20」を
英和対訳でお届けします（PDF）。
下のQRコードからダウンロードしてください。

特典ページURL

https://d21.co.jp/special/bacon/

ログインID

discover2782

ログインパスワード

bacon